O TREM do meu destino

Kotter Editorial
2021

José Manoel Ferreira Gonçalves

O TREM do meu destino

coordenação editorial
Sálvio Nienkötter

editor executivo
Marcos Pamplona

editora-assistente
Ana Clara Bordinião

capa | projeto gráfico
Paula Villa Nova

produção
Cristiane Nienkötter

Dados Internacionais de Catalogação na Publicação (CIP)
Angélica Llacqua CRB-8/7057

Gonçalves, José Manoel Ferreira
O trem do meu destino | José Manoel Ferreira Gonçalves
Curitiba: Kotter Editorial, 2021.
140 p.

ISBN 978-65-5361-012-5

1. Gonçalves, José Manoel Ferreira - biografia 1. Título "O trem do meu destino"

CDD 920.71

21-5085

Kotter Editorial
Rua das Cerejeiras, 194
82700-510 | Curitiba/PR
+55 41 3585-5161
www.kotter.com.br | contato@kotter.com.br

1ª edição
2021

O que as vitórias têm de mau é que não são definitivas. O que as derrotas têm de bom é que também não são definitivas.

José Saramago

Dedico este livro ao povo de Guarujá e da Baixada Santista, num momento em que a Pérola do Atlântico se vê ofuscada por uma das mais sérias crises políticas que atravessou ao longo de sua história. Não baixemos a cabeça. A Pérola há de voltar a brilhar.

Em minha trajetória de vida, da qual este livro é um breve testemunho, contei com o apoio inestimável de três pessoas muito especiais.

Uma delas é o Doutor João Carlos Di Genio, que arquitetou um dos maiores grupos de educação privada do país, o Grupo Objetivo. Doutor Di Genio me apoiou na luta pelas questões ambientais ainda nos idos de 1980, o que me levaria mais tarde a empreender uma verdadeira guerra pela recuperação e ampliação das ferrovias brasileiras, bem menos poluentes do que o transporte rodoviário. Deu-me ele também a oportunidade de atuar como diretor em dois campi da sua prestigiosa Universidade Paulista, A UNIP.

As outras duas são Antônio Augusto Amaral de Carvalho e Antônio Augusto Amaral de Carvalho Filho, meu amigo Tutinha. Graças a eles, mantive, a partir de 2004, na Jovem Pan (em outros tempos que não voltam mais), um programa diário chamado S.O.S. Planeta, em que pude disseminar ideias fundamentais sobre questões ambientais para uma grande audiência.

Ficam aqui minha gratidão e meu reconhecimento eternos a estes grandes companheiros de jornada.

Conheço o engenheiro, companheiro e amigo José Manoel Ferreira Gonçalves há muitos anos. Conheço-o pela sua luta em prol da interligação e da manutenção das ferrovias brasileiras, da importância estratégica que elas têm para o desenvolvimento do país. Conheço José Manoel pela sua bravura, pela sua coragem. Ele é um estudioso e se dedica profundamente a tudo aquilo que faz. Por tudo isso, há tempos venho insistindo com ele para que saia candidato a deputado federal. Faço isso porque o Brasil precisa de gente como o José Manoel, preparada, estudiosa, honrada, séria. Precisamos transformar este país com homens e mulheres que tenham honradez a passar para a população, que lhe sirvam de exemplo. Fico muito feliz de vê-lo escrever, contar a história das ferrovias, da sua vida, da sua luta e do próprio país neste livro. Porque o José Manoel serve de referência para todos aqueles que sonham com uma nação livre, independente, mais justa.

Por isso eu, como presidente do PDT, tenho muito orgulho de ser seu amigo e admirador. E aproveito para dizer publicamente, na abertura deste grande livro:

" José Manoel, aceite o convite para ser deputado federal pelo PDT. Você vai honrar o PDT e o Brasil."

Carlos Lupi, presidente do Partido Democrático Trabalhista.

(2019)

Enquanto olhava maravilhado para o ouro que relampejava nas águas do mar português de Cascais ao cair do sol, refluiu daquele imenso mar, num só segundo, o curso todo de uma trôpega vida, a minha vida...

SUMÁRIO

19	1.	Um menino do Brás (1960-1962)
27	2.	Tapete de flores (1962-1964)
33	3.	Portugal (das origens até hoje)
37	4.	O eremita (1964-1968)
41	5.	Tempos conturbados (1968-1975)
47	6.	A escuridão e a voz (1975-1979)
51	7.	Uma observação de meu pai (1979-1985)
59	8.	Rádio Atlântica: o microfone como trincheira (1985-1990)
67	9.	O homem ameaçado (1990-1998)
73	10.	Do período sabático a Copenhague (1999-2009)
81	11.	A mente entra nos trilhos (2009-2015)
89	12.	A luta através da palavra (2016-2020)
95	12.1.	Encruzilhada no CREA-SP
101	13.	Apêndice: textos publicados na imprensa

1. Um menino do Brás (1960-1962)

Era começo dos anos 60. Eu andava pelo Brás como se aquele bairro cinzento de São Paulo fosse todo o mundo conhecido pelos homens. Lojas comerciais, indústrias e transeuntes formigando incessantemente pelas ruas, era a isso que se reduzia o universo para mim. O centro deste mundo próprio era a minha casa, onde eu vivia com meus pais e meus três irmãos, numa rua com o sugestivo nome de Emídio Piedade. A partir deste núcleo, deste porto seguro, eu ia fazendo viagens cada vez mais longas Brás adentro. Descobria novas ruas, novos espaços, pessoas diferentes (numa variação incrível que ia das mais amáveis vovós aos mais ameaçadores valentões), expandindo assim, com enorme curiosidade, minha ainda curta experiência de vida.

As fachadas comerciais de tijolo nada acolhedoras, as chaminés das fábricas, o bairro cinzento e a expressão carregada das pessoas me faziam pensar que a vida era isso mesmo, uma correria de gente séria e sem graça atrás do ganha-pão, as crianças como eu, os gatos e o cães andando sem ser percebidos entre as pernas dos adultos indiferentes.

Por não conhecer nada além dos limites do Brás, eu sequer podia imaginar que houvesse um lugar mais colorido, mais feliz e vibrante do que o rançoso canto da megalópole em que florescia minha infância.

Eu imaginava que as coisas que fazia provavelmente eram as mesmas que todas as crianças ao redor do planeta faziam. Uma das atividades de que eu mais gostava era desmontar a bicicleta Monark (ou tentar desmontar, porque vários aspectos do mecanismo fugiam ao meu entendimento) na praça em frente à Paróquia Santo Antônio do Pari. Desmontar era uma delícia, mas, depois, ao tentar reencaixar as peças, muitas vezes eu ficava confuso, suava frio e, depois de várias tentativas, acabava recorrendo ao pai, que vinha me ajudar e acabava sorrindo das minhas artes de mecânico. Acho que o pai, na verdade, ficava orgulhoso do espírito investigativo e da ousadia que eu precocemente lhe revelava. O brilho de satisfação nos olhos dele me enchia de uma calorosa autoestima.

Nessas investidas pela praça, a qual eu acabava transformando em oficina, muitas vezes vi surgir por ali meu irmão Antônio Carlos, dois anos mais novo do que eu. Antônio – que chegava a ver em mim praticamente um sábio, uma vez que conseguia desmontar uma bicicleta – tinha em nosso pai seu herói acabado. Sempre que queria comer um doce, invariavelmente um sonho de nata ou de goiaba, ficava admirando meu pai por longo tempo, até que ele lhe dava a mão e o levava à padaria, em frente à praça da igreja, uma praça arborizada.

Aquelas árvores me eclipsavam e, por assim dizer, foram responsáveis pela atenção que devotei na vida adulta ao meio ambiente... Algumas vezes eu largava a bicicleta e, com as mãos sujas de graxa, deixava a profissão adulta de mecânico para reassumir a mais tenra infância ao lado do meu irmão, lambuzando-me nos doces que fazem a delícia de toda criança. Mas, para comprar doces, também eu dependia do meu pai, que aliás sempre manteve tudo sob seu austero e certeiro controle.

Naquele tempo eu gostava de andar de bicicleta, de me fartar de doces, de entrar nas lojas imponentes e cheias de mercadorias com o pai, mas nenhuma destas era a minha atividade preferida, aquilo me fazia sair de mim, de tanto prazer que dava ficar imaginando outros mundos. Era assim: eu me deitava nos gramados da praça ou de minha casa, cruzava as mãos sob a cabeça e, balançando os pezinhos entrelaçados ao sol, punha meus sonhos a voarem. Em outro espaço, em outro tempo, utilizando-me de fragmentos de histórias de adultos que haviam viajado por países distantes, construía mundos imaginários em que havia harmonia, cor intensa, luz e alegria. Minha imaginação na verdade construía um refúgio idílico para os dias monótonos e monocromáticos dessa minha "aldeia" natal.

E foi assim, viajando, que constituí uma espécie de mundo paralelo, no qual podia andar, comer, brincar, dormir, tudo com muito mais elegância e beleza do que no mundo real, tão mais pobre.

Tal pobreza incluía as notícias diárias sobre a Guerra do Vietnã. No começo, o número de americanos mortos me assombrava. Uma vez que as versões oficiais e, portanto, da grande mídia eram a favor dos Estados Unidos, parecia que os *viet congs*, os guerrilheiros do norte, eram diabos da floresta que matavam jovens inocentes do "nosso lado". A estupefação era diária. Mas a guerra se estendeu por tanto tempo que até aquele morticínio caiu na banalidade. (Só muito tempo depois eu entenderia que a violenta intromissão imperialista dos EUA destruíra a vida dos vietnamitas).

A mesmice dos dias de infância, porém, um dia se rompeu de maneira trágica. Foi em frente à loja de tecidos do meu avô, Manoel Ferreira, um próspero comerciante de tecidos finos. A loja ficava na rua Maria Marcolina. Por ali passavam os operários que viviam em cortiços e casinhas geminadas na região do Pari, um lugar empoeirado, barulhento e que na época das chuvas ficava totalmente alagado.

Trilhos e mais trilhos cortavam o bairro. Para evitar acidentes, a prefeitura havia instalado porteiras para controlar a passagem de animais, carros e carroças pela ferrovia.

No dia fatídico, um bonde elétrico (sucessor veloz dos bondes que, pouco antes, eram puxados por burros) atropelou um operário do Pari bem em frente à loja da rua Maria Marcolina, diante de meus olhos. O sangue que escorria da cabeça do homem atropelado nunca mais saiu da minha memória. Marcou para sempre meu futuro.

Assustado, correndo para dentro da loja, me escondi ao lado dos fardos de casimira para me proteger das ameaças daquele mundo violento, sem sentido. Mas minha natural curiosidade não me permitiu resistir a espiar o que acontecia lá fora. E o que vi foi o contrário da irracionalidade que me afligia: solidárias, atentas, as pessoas ajudavam como podiam a estancar o sangue da cabeça do homem. A toalha manchada de sangue foi outra imagem que impregnou minha memória – a um só tempo, registro vivo do destino cruel e da solidariedade humana.

Aquele bonde despertou em mim a dor de viver e o espanto diante da morte. Depois, acordou-me para a realidade da vida. Percebi de repente que todos um dia morremos. Mas também que, enquanto estamos vivos, temos a oportunidade de viver bem, de ser bons para os outros. Podemos, inclusive, enfrentar com determinação o impacto de um acidente, como fizeram aquelas pessoas em frente à loja, e vencer a impotência inicial para agir energicamente *contra* as fatalidades. A partir desse acidente eu passava a atinar com o mais verdadeiro e mais profundo sentido da vida.

Assim, desta forma violenta, fui apresentado aos trilhos e aos carros de passageiros que cortavam as ruas do estranho bairro em que nasci. Isso marcou a ferro a minha história de vida. Somente bem mais tarde, porém, perceberia que naquele instante epifânico o medo havia se transformado em amor e afeto. O sangue derramado nos trilhos ativaria em mim, vida adulta afora, uma luta dupla e sem tréguas.

A primeira luta diz respeito à defesa das pessoas menos privilegiadas pela sorte, ao direito dessas pessoas de viver bem e de ir e vir com conforto e segurança. A segunda representa uma luta aguerrida pela sobrevivência das ferrovias no Brasil, para a qual me prepararia mais tarde nas universidades, vindo a enfrentar adversários poderosos e sem escrúpulos que jamais pensei que existissem, até me deparar com eles. Apesar dos descaminhos, dos inúmeros erros que não consegui jamais evitar, das fraquezas da alma e da carne, essa luta consiste por certo no que pude fazer de melhor, por se tratar de uma luta que sempre visou o bem de muitos.

2. Tapete de flores (1962-1964)

Do bairro cinzento guardei a lembrança da vida agitada entre lojas e indústrias, dos passeios de bicicleta e daquele homem que morreu nos trilhos do bonde. Mal sabia que, para o lugar bonito a que meus pais me levariam, outra fatalidade viria marcar minha vida.

Nos mudamos para o bairro Santana – vida nova! Não demorou para que eu conhecesse, em outro bairro, a rua Pernambuco que, em minha memória, fica no começo ou ao fim de um tapete de flores de jacarandá. Porque, na primavera, os jacarandás "choviam" flores intensas pelo chão das ruas do bairro, flores de um rosa arroxeado que formavam um tapete mágico para os transeuntes. O menino que eu era vivia aquilo como parte harmônica da grande fábula que é a infância. O aroma delas ainda hoje enche meu coração de alegria. E posso dizer que, de certa forma, esse tapete de flores aliviou meu caminho, diante do fato terrível que aconteceu nesse tempo – uma tragédia que ficou tão profundamente registrada em mim que me lembro dela como se tivesse acontecido hoje.

Eu tinha oito anos. Os dias se passavam sem sobressaltos. Vivíamos um cotidiano tranquilo, bem definido: pela manhã a mãe nos acordava, dizia a mim e aos meus irmãos para nos arrumarmos e nos levava para a escola; à tarde, brincávamos pelas ruas do bairro (naquele tempo as crianças brincavam tranquilamente nas ruas, sem grandes perigos) e ao anoitecer a mãe nos chamava para o jantar. O mundo parecia um lugar seguro, que girava serenamente em torno do olhar protetor da família e da escola.

Aparentemente, nada ameaçava esta ordem. Era ela que me permitia dar asas à minha imaginação infantil. Eu devaneava durante as aulas, a ponto de perder a concentração e, muitas vezes, ser chamado à realidade (cheguei a ser mudado de escola por "não acompanhar a turma"). E nas brincadeiras de rua podia imaginar que era quem eu quisesse ser. Jogando bolinha de gude, era o maior craque do mundo, com jogadas fortes, secas, que faziam partir as bolinhas dos outros meninos – embora isso, na verdade, tenha ocorrido uma única e mágica vez. Andando de carrinho de rolimã eu era Juan Manuel Fangio, o grande corredor argentino de Fórmula 1. Jogando futebol, apesar de nunca ter sido um daqueles meninos que eram escolhidos por primeiro na divisão de times, pensava que era o maior artilheiro de todos os tempos, muito maior do que Luizinho, do meu time, o Corinthians. Eu era um gigante em todas as brincadeiras, como se compensasse com a imaginação as coisas pequenas e sofríveis que a vida real ia me dando aos poucos.

Então uma fatalidade rompeu o fluxo sereno do tempo.

Como todas as manhãs, naquele dia minha mãe nos levou para a escola de carro. Estava frio e chovia muito, uma chuva arrastada por ventos fortes que faziam estremecer os toldos das lojas e batiam em rajadas intermitentes nas janelas do veículo. A tempestade desabava lá fora, mas nós, que tínhamos um carro, estávamos bem, protegidos, guiados pelas mãos cautelosas da mãe. A meio caminho da escola, entramos em uma ruazinha comum, praticamente vazia. E vimos algo estranho no meio da quadra: um fio pendia de um poste, alguém estava caído no chão. Aproximamo-nos devagar. Um menino pobre, com a malinha da escola nas mãos, jazia na calçada, lavado pelas águas frias da chuva. Morrera eletrocutado. Nunca esquecerei dos detalhes do que vi, seus cabelos grudados no rosto, o tênis que saíra do pé e caíra no asfalto, a malinha ainda sob o braço direito, todo ele inerte, só as roupas e os cabelos agitados pelo vento...

Tinha mais ou menos a minha idade, uns sete ou oito anos de idade. Mas era pobre, precisava ir para a escola a pé, mesmo com aquele tempo terrível. E ali, numa ruazinha qualquer, o destino decretou que ele jamais seria adulto, jamais teria profissão, esposa, filhos, netos, que sumiria como uma flor ainda em botão.

A chuva inundava minha alma de tristeza e dor. Senti, quase imediatamente, que uma parte de mim morria ali. Fiquei com muita pena do garoto, senti meu coração se confranger de medo do futuro. E percebi, ainda que de forma indistinta, a grande injustiça que a desigualdade social representa. Aquela criança indefesa, caída no chão, morta, enquanto eu e meu irmão estávamos dentro do carro, abrigados da chuva, em segurança! Podia-se morrer por ser pobre, por estar exposto a toda sorte de acasos.

Chegamos à escola. A mãe entrou conosco para telefonar para a polícia, para avisar que na ruazinha havia um menino morto. Durante as aulas eu não conseguia prestar atenção em nada;

a professora falava longe, eu não a ouvia, só pensava naquele corpo jovem, imóvel para sempre, exposto ao tempo.

Mais tarde, em casa, pressenti que jamais esqueceria a morte daquele menino. Havia nela algo muito mais forte do que o fim de uma pessoa – era talvez o fim de uma segurança que eu havia imaginado inabalável, ampla, universal. As pessoas morriam, isso eu já tinha aprendido de forma dura, ao ver aquele homem atropelado pelo bonde. Mas jamais havia sequer conjecturado que alguém podia perecer por ser pobre.

Fora o meu primeiro contato claro – e extremamente duro – com a desigualdade social que me cercava. Ela tirava de mim a alegria de viver. Por que os homens não resolviam isso? Por que não distribuíam as coisas de um jeito que não houvesse ninguém exposto às tempestades? O que levava uns a terem tudo e outros a terem nada?

À noite, deitado em minha cama para dormir, aquela iniquidade toda ofendia algo tão fundo dentro de mim que eu sentia uma enorme impotência, e não podia conciliar o sono. Com meus parcos conhecimentos infantis, não tinha resposta para as perguntas que me afligiam. Não conhecia o egoísmo, a ganância e a prepotência que modelam tantos sistemas injustos mundo afora. Mas queria saber, queria entender, queria poder resolver aquele problema aparentemente tão simples que era capaz de levar até a vida de um menino, um menino como eu.

Estava nascendo ali, naquela noite, a consciência das injustiças absurdas e criminosas que me consternariam vida afora. Lutar contra elas seria o meu desafio. Enfrentá-las daria sentido à minha vida.

A dor de ver o menino pobre estirado na calçada ficou para sempre em meu coração. Mas, dia após dia, ano após ano, aquele mesmo menino me motivou a jamais desistir de buscar, tanto quanto conseguisse, com minhas palavras, ações e gestos, um mundo mais justo e humano.

3. Portugal (das origens até hoje)

Peço licença para tomar aqui um breve desvio, a fim de narrar o fato que me lançou à empreitada de escrever este livro.

Nasci no Brás, mas acima de tudo nasci no seio de uma família portuguesa. No começo do século passado, a imigração portuguesa para São Paulo era intensa. Milhares de portugueses de todas as partes de Portugal aportavam em Santos e se dirigiam para a pujante São Paulo. Vendiam suas propriedades na Europa e vinham para cá, contando com a coragem e quase nenhum recurso financeiro.

As casas que construíam aqui tinham muitos quartos, para abrigarem as famílias, que em geral eram grandes, e para receber novos desembarcados no Brasil.

Os bairros preferidos por esses imigrantes eram Tatuapé, Vila Maria, Vila Mariana, e o Brás, sendo que este último foi a escolha dos meus parentes. Eles vieram de uma pequena aldeia ao norte de Portugal, uma região muito pobre que ficava próxima da fronteira com a Espanha, ao lado do Rio Douro, que divide os dois países. O lugarejo chamava-se Vilarinho dos Galegos.

Com saudades de Portugal, esses imigrantes se reuniam nos fins de semanas nas vendas, os empórios de então, e lá cantavam o amor pela terra distante... a terra para sempre perdida, pois ser-lhes-ia impossível voltar para a rever um dia. Os velhos tocadores de guitarras e os cantores de fado faziam Portugal parecer mais perto e presente.

Américo, meu tio avô, era um desses lusitanos apaixonados por Portugal e um excepcional declamador de poesias, as de Camões em especial. Minha família mais ampla costumava reunir-se no Guarujá, onde residiam vários parentes, dos quais lembro com precisão e saudade, especialmente de minha incrível avó materna. Afinal, eram tempos em que minha alma ia sendo tomada por aquela atmosfera de felicidade e encantamento. O fado, a guitarra, a música e poesia lusitana passaram a compor a parte mais essencial do meu mundo subjetivo.

Muitos anos depois, tudo isso ressurgiu vivo em minha memória, ao ver o poente na praia de Cascais, um município próximo a Lisboa. E junto com essas memórias de coisas vividas me vieram também as histórias de um velho Portugal que não conheci, mas sobre o qual muito ouvi, e vi desenhado por palavras que pareciam ter asas.

Foi um momento epifânico e, ao sair daquele transe involuntário, ficou claro que caberia escrever este romance memorial, em que pudesse livremente discorrer sobre (e reviver) uma vida que tenho de admitir que tem valido a pena, apesar de tudo. Aquele pôr do sol incrível e inesquecível fez despertar ainda mais em mim o amor que devoto a Portugal e à nossa gente.

4. O eremita (1964-1968)

Mas, depois deste capítulo ensolarado, retomemos o fio da narrativa, que nem sempre percorre caminhos iluminados.

Todos nós passamos por uma fase de desenvolvimento chamada de fase branca, que é aquela em que já perdemos as manias de criança, mas ainda não entramos nos conflitos próprios da adolescência. Por ser, por assim dizer, um período sem muitas crises existenciais, dele costumam restar poucas lembranças. Pois comigo não pôde ser assim.

A razão para a intensidade desse período veio menos da família, amigos ou escola e mais do mundo, mais propriamente da mídia. Desde que vivi o trauma de ver de perto a morte, dei para me ensimesmar e para ficar mais atento às notícias que então começavam a fazer algum sentido pra mim.

Falo de anos turbulentos, o ar andava elétrico, havia um silêncio das pessoas a respeito do que aquilo significava, mas era evidente que vivíamos uma insegurança coletiva, um medo premente do que viria no dia seguinte.

No Brasil os militares haviam tomado o poder em nome da ameaça comunista, algo que nos era apresentado como tão terrível que mesmo a descrição sem detalhes nos punha apavorados. No mundo havia várias guerras, mas uma tomava o noticiário diário e as conversas em geral: a Guerra do Vietnã. Estávamos prestes a viver as revoluções sociais de 1968, que levantaram a França inteira.

Meu pai era um empresário da construção, via com alarme tudo isso que empolgava minha imaginação. A forte contenção dos revolucionários liderada por De Gaulle e, no Brasil, pelo AI5, acalmaram meu pai, mas apertaram aquele coração que ainda tão jovem já queria saltar para fora do meu peito.

E foi no arvorecer dessa adolescência que li *O Ermitão de Muquém,* um romance escrito pelo acadêmico brasileiro Bernardo Guimarães e publicado pela Livraria Garnier. Considerado o primeiro romance regionalista do Brasil, tinha como subtítulo História da Fundação da Romaria de Muquém, da Província de Goiás

O herói do romance vivia na mata, em condições modestas, longe do mundo. Em tom realista eram descritos costumes e cenas da vida dos homens do sertão, algo até então muito diferente de tudo que vivera.

De alguma maneira me projetei naquele personagem, em suas brincadeiras ruidosas, um pouco bárbaras, seus costumes licenciosos, seu temperamento valente recheado de rixas sanguinolentas.

Aquelas selvas, rios, cachoeiras, lagos do coração do Brasil foram envolvendo meu espírito.

Sendo de origem portuguesa e tendo vindo do cinza do Brás, entrar em contato com o índio, que habitou nosso país desde muito antes do descobrimento, me colocou em outra perspectiva – afinal eu havia sido educado com epopeias como Os Lusíadas de Camões, grande orgulho lusitano.

Mesmo consciente de que era ficção, li como se fosse uma história verdadeira. Eu achava aquilo tudo muito vivo, a ponto de me sentir o próprio protagonista. Por assim dizer, virei eu mesmo um ermitão, porque meu pendor natural foi o de rejeitar minhas origens portuguesas, dos descobridores, invasores. O que, naturalmente, me colocava em conflito com a família, a quem eu preferia não falar nada.

Recentemente, na maturidade, no episódio em Cascais em Portugal, que relatei capitulo 3, consegui apaziguar esse sentimento. Foi a luz dourada das águas, aquele sol refletindo no mar por onde nossos antepassados chegaram à nossa terra, foi esta beleza que me fez perdoar e, mais que isso, admirar a grande empresa que fizeram.

E, livre daquele sentimento ruim, mergulhei na energia que nunca deixou de estar silenciosamente presente em mim.

Confesso: o orgulho de ser português se refez!

5. Tempos conturbados (1968-1975)

Em 1968, quando estava no colégio Rio Branco e vi o corpo da criança eletrocutada no chão, pensei na desigualdade social como causa daquela tragédia. O contexto nacional me dava razão para isso.

Instalada à força no país desde 1964, com o golpe que encerrou o governo do presidente democraticamente eleito João Goulart (Jango), a ditadura militar aumentava a concentração de renda, empobrecia a população, retirava seus direitos sociais e calava violentamente quem ousasse levantar voz contra o sistema.

O movimento estudantil ganhava as ruas em protesto contra o desgoverno praticado pelos militares. Eu lia sobre a reação dos estudantes e me interessava, tentando compreender o que acontecia no país, reduzir minha aflição de espectador impotente frente à dinâmica e a dimensão dos fatos.

Então, naquele mesmo ano de 1968, em uma manifestação no restaurante universitário do Calabouço, no Rio de Janeiro, um agente da polícia militar atirou contra o estudante secundarista Édson Luís de Lima Souto. O fato culminou em passeatas contra a ditadura pelas principais cidades do país.

Vi, estarrecido, nas primeiras páginas dos jornais, o corpo do estudante morto. Não entendia como aquilo havia acontecido nem por que motivo. Mas a curiosidade e a indignação cresciam no meu coração, se arraigavam em minha consciência. Lembro bem das minhas noites mal dormidas, de tão tenso que estava com tantas situações ameaçadoras e perturbadoras.

No dia 1º de abril, aniversário de quatro anos do golpe (que os milicos chamavam de "Revolução"), novamente os estudantes saíram em protesto pelas ruas do Rio de Janeiro. A manifestação foi duramente reprimida e resultou em mais mortes e prisões, além de inúmeros feridos.

Não bastasse aos militares as agitações estudantis de protesto contra a ditadura, os movimentos de luta armada também cresciam, através de assaltos a bancos e ações de guerrilha nas zonas rurais do país. As manifestações dos trabalhadores contra o arrocho salarial que esmagava a população pobre, como as greves de Contagem e de Osasco, tomaram grandes proporções.

A Igreja Católica, apesar de inicialmente ter uma expressiva ala favorável ao governo militar, possuía integrantes que progressivamente passaram a reprovar os métodos dos agentes que feriam os direitos humanos. Com isso, diversos membros do clero foram também vítimas de torturas e prisões indevidas.

Mas foi um evento particular que retirou o AI-5 (Ato Institucional Número Cinco) da gaveta e colocou em prática os atos bárbaros que foram perpetrados pelos carrascos do regime.

Após uma manifestação de reprovação à invasão militar da Universidade de Brasília (UNB), coordenada pelo deputado Márcio Moreira Alves no contexto dos protestos estudantis, os militares tentaram suspender a imunidade parlamentar do deputado. O pedido foi negado corajosamente pelo Congresso Nacional em 12 de dezembro de 1968.

No dia seguinte, o presidente Costa e Silva editou o AI-5, dando plenos poderes ao Executivo para cassar direitos políticos e mandatos, além de suspender o direito a *habeas corpus* e decretar o recesso do Congresso.

O Brasil entrava nos Anos de Chumbo, que se estenderiam até o final do governo Médici, em março de 1974.

Em 1973, entrei na escola de engenharia da Universidade Mackenzie. Eu estudava, correspondia às expectativas da minha família burguesa, mas fortalecia-se em mim a certeza de que só era possível enfrentar tantos abusos e tanta desumanidade através da luta nas trincheiras da resistência. E, de fato, embora de maneira tímida, me alinhei aos estudantes em diversas manifestações. Um dia, venceríamos; os militares seriam derrotados, mas a um custo social e econômico altíssimo para o país.

Os Anos de Chumbo deixaram não apenas uma grande dívida para os governos seguintes, mas também um enorme saldo de mortes mal explicadas e desaparecimentos forçados.

Um fato que ilustra bem a sede de sangue do regime foi a morte de Carlos Marighella, fundador da Aliança Libertadora Nacional (ALN), metralhado no bairro dos jardins em São Paulo.

Numa lista que foi elaborada muitos anos depois pela Comissão Nacional da Verdade (CNV), consta que 434 pessoas foram mortas. Mas sabe-se que o número é muito maior. Havia jovens sendo levados, desparecendo para sempre em toda parte.

Utilizando diversos métodos de tortura, os militares jogaram nos porões dos DOPS e dos DOI-CODI estudantes, jornalistas, intelectuais, artistas, militantes, políticos, professores universitários e até mesmo membros do clero, sob a alegação de conter o avanço do comunismo no país.

Em nome da segurança nacional, mancharam de vermelho a história da ditadura militar, mancha esta ainda presente na memória das famílias que perderam seus entes de forma tão excruciante.

Em 1975, o jornalista Vladimir Herzog foi morto. O nome de Vladimir tornou-se central no movimento pela restauração da democracia no país após 1964. Militante do Partido Comunista Brasileiro (PCB), forte presença no movimento de resistência à ditadura militar, ele foi assassinado pelo regime nas instalações do DOI-CODI, no quartel-general do II Exército, no município de São Paulo, após ter se apresentado voluntariamente ao órgão para "prestar esclarecimentos" sobre suas "ligações e atividades criminosas".

A morte do jornalista combativo, aliado à apatia geral dentro da Universidade Mackenzie, fizeram com que eu trancasse minha matrícula na escola de engenharia e decidisse cursar jornalismo na Fundação Casper Líbero.

Meus caminhos, como o do país, pouco a pouco mudariam de rumo e me levariam à certeza de que seria preciso lutar, sempre, contra as forças obscuras que esmagam o povo, entrincheirando-o nas valas da miséria e da desigualdade social.

6. A escuridão e a voz (1975-1979)

No final dos anos 70 e início dos 80, após eu voltar ao curso de engenharia na Universidade Mackenzie e concluí-lo, as pessoas da minha geração andavam preocupadas com a crise no mercado de trabalho. Como havíamos chegado a esse ponto?

O fato é que as celebradas "conquistas" do Milagre Econômico (1968-1973) não suportaram a crise dos anos seguintes. O crédito abundante havia secado. As obrigações financeiras do governo começaram a pesar como nunca. O alto preço do barril de petróleo (que sofria uma alta internacional) fez a balança comercial brasileira entrar no negativo. E a inflação disparou, chegando perto dos 100% ao ano no final daqueles anos 70. Os resultados foram catastróficos: remarcação desenfreada de preços, estagnação, desemprego, pobres muito mais pobres, ricos muito mais ricos...

Não havia quase empregos para um engenheiro recém-formado. E o problema só aumentava: a cada ano saíam das escolas de engenharia de todo o país 17 mil novos profissionais.

Neste contexto sombrio, fui um privilegiado. Felizmente, eu tinha colocação na construtora da nossa família.

Mas a grande maioria dos meus colegas andava a ver navios, acabrunhada, desesperançada, sem futuro.

Eu era conselheiro do Instituto de Engenharia e vice-presidente da Federação das Associações de Engenharia, Arquitetura e Agronomia do Estado de São Paulo. Nesta condição, fui a Recife, para apresentar no 6º ENCO – Encontro Nacional da Construção – uma denúncia contra a dura realidade social e mercadológica que se abatia sobre minha classe profissional.

Preparei um trabalho de pesquisa, alinhavei argumentos, fiz minha inscrição. Fui ao evento, porém, sem grandes expectativas.

O título da minha palestra era "O ensino da engenharia e sua adequação ao mercado de trabalho". Eu havia enviado cópias dela a alguns jornais de circulação nacional e, para minha absoluta surpresa, no voo para Recife abro a Folha de São Paulo e vejo que a minha palestra era matéria de capa daquela edição do jornal.

Na capital pernambucana, fui recebido, já no aeroporto, como o palestrante que tinha virado capa da Folha. Esperavam uma pessoa madura. Lembro bem o olhar de espanto das pessoas que foram me receber quando viram que, em vez de um professor experiente, como era de se supor, ali estava um jovem em início de carreira. Confesso que, ao compreender a situação, gelei, tremi. E pensei em desistir daquela ousadia juvenil. Mas fui até o fim: enfrentei um auditório lotado (e sequioso por informações) no Centro de Convenções de Recife. Insuspeitadamente, me dei bem.

Foi assim que descobri, ali, de supetão, que tinha jeito para missões que exigissem argumentação e representatividade.

Gostei de poder influir, minimamente que fosse, mas com consistência, no pensamento conjuntural do país. E nunca mais parei.

Desde aquela iniciativa impetuosa em Recife, tenho feito ao logo da vida inúmeras palestras para professores, alunos, profissionais, colegas, políticos etc. Gente de todas as faixas etárias, escolaridade e camadas sociais têm me dado a honra de poder influir em seus destinos, com argumentos que são acolhidos, rejeitados ou provocam alguma reflexão, quando não algum incômodo. O que importa para mim – o que deve importar a todos os indivíduos de uma sociedade democrática, que faça jus a esse nome – é não me calar, não deixar que o silêncio e a passividade deixem baratos os abusos e desmandos daqueles que pensam ser donos da nação de todos nós.

7. Uma observação de meu pai (1979-1985)

Minhas primeiras experiências na política aconteceram no final dos anos 70. O Brasil se contorcia em contradições. De um lado, desemprego, inflação galopante, jovens desaparecendo no mar de sangue da repressão, a classe média empobrecida e os pobres comendo vento. De outro, a família "patriótica" brasileira hipnotizada pelo maligno bordão "ame-o ou deixe-o" dos militares, os quais calavam a imprensa e divulgavam na tevê e nas rádios a canção de Os Incríveis: "Este é um país que vai pra frente, ou, ou, ou, ouou, de uma gente amiga e tão contente..."

Em meio ao remoinho desses anos difíceis, eu sentia muita insegurança e tinha inúmeras dúvidas. Isso poderia me imobilizar, mas, ao contrário, a mudez imposta pelo sistema opressivo dos milicos só serviu para desatar o nó que eu tinha na garganta.

Comecei a sentir vontade de participar da cena política, estender minha mão àqueles que resistiam, àqueles que, em meio às trevas, acendiam alguma luz (por mínima que fosse) para que pudéssemos encontrar o caminho da libertação do nosso povo.

Um belo dia (e digo belo porque ele abriria as portas para a atuação política que exerço até os dias de hoje) resolvi participar das discussões e enfrentamentos do meu Centro Acadêmico e do Diretório Central dos Estudantes. De polêmica em polêmica, de decisão em decisão, naquele ambiente fervoroso, solidário e clandestino dos estudantes, a paixão pela política foi se arraigando em meu coração, em minha mente.

Tornei-me um crítico contumaz do conservadorismo de direita dos meus amigos de engenharia e de outros cursos da universidade. Ao contrário deles, com suas posições elitistas, capazes de esmagar toda uma sociedade para manter seus privilégios de classe, eu começava a ver o mundo como ele é: injusto, indiferente ao próximo, preconceituoso, cruel. Um mundo em que uma minoria rica garante sua *dolce vita* agrilhoando a maioria esmagadora de despossuídos de toda sorte.

As aulas na Escola de Engenharia da Universidade Mackenzie eram chatas, frias, sem vibração, racionais demais. Eu olhava para os raios de sol por entre as árvores do campus, ficava angustiado como uma fera enjaulada. O mundo estava ardendo lá fora e eu queria viver aquela energia, transformá-la em algo bom, vivo, humano.

Saía das aulas e me juntava aos estudantes com uma alegria imensa. Naquele momento histórico, a verdadeira escola estava nas ruas; era ali que aprendíamos o que verdadeiramente importava agora: salvar o Brasil das garras da tirania. Eu dava opiniões, discordava de alguns pontos de vista, me exaltava, enfim, entrava na troca de palavras e gestos que, ano após ano – sem que nossos algozes conseguissem nos sufocar jamais – criaria as bases para a alforria do nosso povo.

Havia muito calor humano. No chamado "horário nobre", que era quando estávamos todos no pátio central da universidade, aprendi a reconhecer a força da união das pessoas e fiz muitos amigos. Algumas dessas amizades me acompanhariam por toda a vida.

Foi neste contexto frenético que ouvi aquelas palavras torturantes de meu pai...

Antes de revelá-las, preciso dizer algo sobre meu pai.

Ele era um sujeito de poucas palavras e poucos amigos. Um homem sério que, muitas vezes, me intimidava, o que fazia com que nossos olhares trocassem muitas farpas. A dissensão foi crescendo ao longo do tempo, e nos anos 80 já era claro para mim que sentíamos e pensávamos o mundo de formas diferentes, se não opostas. Eu era um crítico do que o legado patriarcal usava como forma de dominar o mundo: machismo, xenofobia, racismo, homofobia e outros preconceitos úteis aos homens brancos, heterossexuais e ricos que há muito ocupam o poder, preconceitos que constituíam as bases históricas da formação de meu pai. Nos amávamos, mas um abismo ideológico se abria cada vez mais entre nós.

Pois bem. Um dia, no começo daquela década turbulenta, meu pai me chamou para me dizer, ironicamente:

– Filho, você quer fazer política para endinheirar?

Minha cabeça girou. Seria eu um fantasista, um sonhador, um maluco utópico? Não se podia fazer política numa luta honesta por um mundo melhor, mais humano? Meu pai me dava um banho de água fria, um tapa na cara. Eu era jovem, talvez não soubesse tudo... talvez tudo sempre terminasse em dinheiro... mas não, não! Eu era movido pelos mais puros e duros ideais, tinha certeza disso!

– Não! – respondi. – Não, de forma alguma. Quero fazer política pensando nas pessoas, jamais no bolso, meu ou de quem quer que seja.

Ele baixou a cabeça, coçou o queixo. Depois, fitou-me com aquela seriedade de homem convicto, que acredita se apoiar no mundo como ele é, foi e sempre será:

– Se for por interesse público, desista já –, disse, pondo fim àquela cena que deixou profundas cicatrizes em minha vida.

Embora impressionado com suas palavras, um fato recente animava meu espírito contestador – um fato muito mais forte do que o desconcertante conselho de meu pai.

Ocorre que a conversa se deu logo depois de uma viagem que fiz à Europa.

Eu fui à França em julho de 1979. Em Paris, resolvi visitar um amigo. Ao chegar à sua casa, ele me apresentou um homem que já estava lá. Tinha estatura mediana e olhar firme. Era um sujeito de personalidade forte, atento, lúcido, carismático. Cada vez que falava, eu e meu amigo sentíamos o poder de sua oratória e de suas ideias. Conversamos sobre política, sobre a desgraça que assolava o Brasil, sobre os problemas do conflito entre o Irã e o Iraque. O homem trazia muita informação e uma visão clara das razões que separavam opressores de oprimidos ao redor do planeta.

Era Leonel Brizola.

O gaúcho, que estava exilado em Lisboa, sabia que os brasileiros viviam uma atormentadora inquietação por almejar o retorno da democracia ao país. Movimentações ocorriam em diversos estados e por todo o mundo. Em Lisboa, entre os dias 15 e 17 de junho daquele ano (um mês antes de nosso encontro), ocorrera o "Encontro dos Trabalhistas do Brasil com os Trabalhistas no Exílio", organizado por Brizola, que fora expatriado com o golpe militar de 1964. O evento, que reunira centenas de líderes, incluindo-se entre eles Darcy Ribeiro e o secretário-geral do Partido Socialista Português, Mario Soares, discutira a reorganização do Trabalhismo no Brasil. Em um ambiente que exaltava Getúlio Vargas e João Goulart, Brizola era enfático em seus discursos ao ratificar os posicionamentos que norteariam todo o processo. Enfatizava dois pontos: a socialização das estruturas da economia e a prioridade do trabalho sobre o capital.

Em nosso encontro em Paris, com clareza e assertividade, abriu-nos ainda mais os olhos e o coração. Falou-nos sobre a importância estratégica do petróleo, sobre soberania, desigualdade social, projetos de desenvolvimento nacional, sobre a importância da participação da classe trabalhadora e dos jovens na construção de um país igualitário. Instigou-nos, enfim, a jamais recuar diante da tirania e da injustiça. Era possível manter a cabeça erguida e enfrentar a escuridão sem temor, como ele mesmo fazia, apesar das perseguições de que fora vítima.

As palavras e o exemplo de Brizola foram mais fortes do que o ceticismo conservador de meu pai.

Na volta ao Brasil, abracei a causa trabalhista. Tempos depois, decidi me filiar ao PTB, sigla que Brizola, incansável líder trabalhista, pretendia refundar. Mas o destino, sorrateiramente, furtou-lhe a tão significativa legenda. Uma manobra do temido general Golbery do Couto e Silva fez com que o partido de Getúlio fosse parar nas mãos da ex-deputada Ivete Vargas, sobrinha do ex-presidente. O PTB, assim, acabaria servindo como uma linha auxiliar do sistema político-militar proveniente do golpe de 64, que a essas alturas agonizava.

A semente do pensamento de Brizola, porém, já germinara em mim. Seu exemplo me ajudaria a enfrentar, com mais serenidade e determinação, dias tão árduos e tão intensos da minha vida.

Outro fato me ajudou a encontrar equilíbrio e amorosa cumplicidade naquele período tumultuado: no dia 11 de fevereiro de 1983, me casei com Sylvia Solitto de Oliveira, iniciando uma relação que em muito me ajudaria na fase difícil da iniciação social.

8. Rádio Atlântica: o microfone como trincheira (1985-1990)

Entre 1964 e 1985, todos os cinco presidentes militares do Brasil foram escolhidos por via indireta. Não foram eleitos pelo povo, mas pelo Colégio Eleitoral. Era o Congresso Nacional que definia quem seria o presidente. O povo ficava sabendo qual havia sido o escolhido pelo rádio de pilha ou pela tevê.

Mas desde 1978, com o fim do Ato Institucional número 5 (AI-5) durante o Governo Ernesto Geisel, os militares vinham promovendo uma "abertura" política que, em verdade, era uma série de medidas tomadas por um regime desgastado pela violência e pela profunda crise econômica que gerara, com o intuito de ganhar sobrevida.

No ano seguinte, quando o comando do país estava sob as botas do general João Batista Figueiredo, foi assinada a Anistia. Tratava-se de uma resposta às pressões exercidas pelo Comitê Brasileiro pela Anistia, fundado em 1978 pela servidora pública Iramaya Queiroz Benjamim, movimento que reunia diversas entidades da sociedade civil e estava sediado na Associação Brasileira de Imprensa. Jornalistas, políticos de oposição e estudantes, entre outros civis, queriam liberdade para os perseguidos políticos. Antes disso, a luta pela anistia fora protagonizada pela advogada Terezinha Zerbini, que fundou o Movimento Feminino pela Anistia, em 1975.

A Anistia trouxe de volta ao país importantes lideranças políticas, artistas e intelectuais que haviam sido exilados pelos militares e que, ao retornar para casa, ajudariam a reconstruir a via democrática. Dulce Maia, Fernando Gabeira, Chico Nelson, Leonel Brizola, Miguel Arraes, Luiz Carlos Prestes, Herbert de Souza (o Betinho, irmão do Henfil), Gregório Bezerra – a esperança retornava pelas portas dos aeroportos do país.

Em 1980, o pluripartidarismo foi readmitido pelo governo. Retornava a oposição, já se podia lutar contra o partido dos militares, o PDS (ex-Arena). O carro chefe da oposição era o PMDB, de Ulysses Guimarães, partido de centro, bastante ligado aos liberais insatisfeitos com o desastre econômico. Mas agora contávamos também com a força popular da esquerda, representada pelo PT, de Lula, e pelo PDT, de Brizola.

A partir de 1983, eclodiram as manifestações pelas Diretas Já. Elas eram a favor da Emenda Constitucional Dante de Oliveira, que previa eleições diretas para presidente em novembro de 1984.

Estive nas ruas apoiando estas manifestações. Vivi sua força humana, seu poder libertador. Atuando como foca (jornalista iniciante) da Jovem Pan, ao lado do célebre Osmar Santos e do repórter de campo de sua equipe, Fausto Silva, que ganharia celebridade mais tarde, fomos à Praça da Sé. Centenas de milhares de pessoas estavam lá. O presidente da Câmara dos Deputados, Ulysses Guimarães; o presidente nacional do PT, Luiz Inácio Lula da Silva; o governador de São Paulo, Franco Montoro; Brizola, que era governador do Rio, e Mario Covas, então prefeito de São Paulo, levavam o povo a gritar, depois de tantos anos sem voz:

– Diretas já! Diretas já! Diretas já!...

Ao som de Chico Buarque, Moraes Moreira e Fafá de Belém, Osmar Santos atuava como mestre de cerimônias. Jovem, sentindo vibrar dentro de mim o apelo do meu povo pela democracia, eu exultava, gritava as palavras de ordem com a multidão, percebia já como tangível a abertura política e a reconstrução da justiça social no meu país. Era emocionante participar da história, fazer história, depois de duas décadas de opressão e obscurantismo.

O movimento Diretas Já não logrou aprovar a Emenda Constitucional Dante de Oliveira. Na noite de 25 de abril de 1984, em votação na Câmara dos Deputados, a emenda que devolveria as urnas ao povo foi derrubada, faltando apenas 22 votos (eram necessários 320) para que fosse aprovada. Era uma derrota. A nação emudeceu, chorou, escureceu. Mas não por muito tempo. O movimento Diretas Já desencadeou um crescimento das forças de oposição e, no dia 15 de janeiro de 1985, Tancredo Neves foi eleito em eleições ainda indiretas. Era o primeiro presidente civil depois de cinco militares. Sim, o Brasil caminhava para fora das sombras, a passos lentos, mas firmes.

Foi neste contexto tumultuado, porém cheio de energias renovadoras, que adquiri a Rádio Atlântica, em Santos. Tinha já alguma experiência jornalística. Além de atuar na Jovem Pan, fora levado por Fausto Silva para o Estadão, onde, ao lado de um jornalista experiente e famoso como

Luis Fernando Imediato, trêmulo, datilografei minhas primeiras matérias.

A Rádio Atlântica foi meu laboratório para descobrir e disseminar ideais de justiça social, legados a mim pelo grande Leonel Brizola. Fiz do microfone minha trincheira e, aproveitando a gradativa abertura do país, disparei de lá as reivindicações de diversos setores sociais esmagados por injustiças.

Para isso, minha equipe e eu articulamos e conquistamos o apoio de diversos segmentos da sociedade civil de Guarujá, da Baixada Santista e do Litoral, inclusive o do MR8, que integrava o apoio ao governo do PMDB na época.

Aliás, com apoio do MR-8, dei voz na rádio ao Movimento Popular do Perequê. Este reivindicava condições dignas de vida para pobres pescadores, os quais caminhavam no mangue para chegar às suas casas e viviam diante de praias poluídas pelo esgoto. Quando a maré subia, os filhos deles, seus pais e avós ficavam praticamente sem acesso a suas residências.

Pedi às empresas construtoras locais que nos oferecessem os pequenos cilindros utilizados para fazer a prova da qualidade do concreto utilizado nos empreendimentos. Era um material que eles jogavam fora. Foi um sucesso. Recebemos milhares desses pequenos corpos de prova e transportamos para o Perequê. Lá fizemos um grande mutirão e construímos passarelas que deram acesso seguro às casas, mesmo com a maré alta.

Contagiamos também a população de Santos a fim de pressionar as autoridades para que fizessem a despoluição das praias.

Associações de mulheres me procuraram e realizamos um mutirão pela captação de alimentos para crianças carentes.

Em 1988, Telma de Souza, do PT, foi eleita prefeita de Santos. Logo colocou em prática diversas políticas públicas importantes. Com o devido distanciamento ético, fundamental para que o nosso trabalho pudesse ser feito com total isenção, a Rádio Atlântica divulgou estas ações. Mas, como cidadão, apoiei diretamente a luta de Telma pelo fim do monopólio dos transportes públicos e pela redução das tarifas, que pesavam muito no bolso do trabalhador. Ela teve meu apoio também em questões de saúde pública, como a do tratamento trágico, horrendo que se dava às pessoas com problemas de saúde mental no manicômio Casa de Saúde Anchieta. Havia pacientes sem roupas, enjaulados e comendo nos latões onde defecavam. As mulheres não tinham acesso a absorventes e os eletrochoques eram utilizados como forma de punição aos rebeldes, que viviam num espaço superlotado. A intervenção promovida por Telma resultou no fechamento do sinistro manicômio.

O Brasil avançava.

A 5 de outubro de 1988, após os trabalhos da Assembleia Nacional Constituinte presidida por Ulysses Guimarães, era promulgada a Constituição Cidadã. Em 1989, era eleito o primeiro presidente pelo voto popular desde o Golpe Militar de 1964. Fernando Collor, que venceu Lula no segundo turno, acabaria se revelando o que, na verdade, sempre fora: um homem autoritário, antidemocrático, corrupto. Sofreria *impeachment* três anos depois de eleito. Mas agora, apesar dos transtornos por que passávamos, estávamos longe do despotismo que estrangulou o processo democrático no Brasil. Podíamos, sob os ventos da liberdade nascente, interferir em nosso destino.

Aproximavam-se os anos 90. Eu tinha motivos de sobra para estar cheio de energia. As vozes da Atlântica vibravam no ar, transmitindo esporte, comentando política, cultura, cidadania. Fazendo coro ao Brasil da Nova República. O futuro abria as portas para mim, para o meu sofrido país. Eu estava decidido, com meu corpo, com minha voz, com minhas ideias, a travar todas as lutas necessárias para que nunca mais calassem o meu povo.

E duas criaturas pequeninas iluminavam meu caminho, me davam estímulo para seguir em frente: minha filha Mariana, que nascera em São Paulo, no dia 24 de junho de 1985; e meu filho Marcelo, nascido a 17 de maio de 1987, em Santos. Não houvesse minha indignação, meu desejo de mudar o mundo, só por eles já travaria qualquer batalha para tornar mais humana nossa combalida sociedade.

9. O homem ameaçado (1990-1998)

Os anos 90 vieram. E, como tantas vezes na vida, quando o destino nos escapa, foge a nossos planos e nos leva para escuras regiões inesperadas, uma sucessão de fatos imprevistos abateu-se sobre o meu ânimo juvenil.

Inflamado pelos novos ventos da democracia, lancei-me de vez à política. Fui candidato a vereador em Guarujá, pelo PMDB. Tratava-se de um começo, e o resultado do pleito, se não foi um sucesso, também não foi um fracasso: enfrentando os tubarões da política local, não fui eleito, mas consegui votos suficientes para tornar-me 2º suplente de vereador.

O entusiasmo com a carreira pública me contagiava. Entretanto, na vida privada, as coisas iam de mal a pior. Eu tinha dois filhos pequenos, a Mariana e o Marcelo, que me davam imensas alegrias e ânimo para lutar pelo futuro deles e das futuras gerações. Mas o casamento se esgarçara, a tal ponto que em 1993 me separei. Não preciso dizer como isto foi dolorido; quem já se separou sabe o quanto a ruptura dói, o luto por que passamos ao ficar subitamente longe de uma companheira com quem caminhamos juntos, com quem tivemos filhos, alegrias, tristezas, superando os percalços e construindo sonhos. E não poder mais viver o dia a dia com as crianças, acompanhar seu desenvolvimento nos mínimos detalhes... Enfim, uma infinita tristeza, que só o tempo abranda.

Acresce que, logo depois, devido à minha posição ideológica favorável aos trabalhadores e à sua luta por direitos, pela sua emancipação social, econômica, cultural, humana, meu pai, empresário e conservador notório, me deserdou...

Separado, sem bens que me garantissem o amanhã, eu teria que travar uma luta solitária vida afora.

Estava destruído. Me via num deserto. Tinha que buscar forças dentro de mim, pois só em mim encontraria a esperança e a energia para voltar à tona.

O poeta Walt Whitman, no poema "Aproveite o Dia", nos ensina:

"A vida é deserto e oásis. Nos derruba, nos lastima, nos ensina, nos converte em protagonistas de nossa própria história. Ainda que o vento sopre contra, a poderosa obra continua, tu podes trocar uma estrofe. Não deixes nunca de sonhar, porque só nos sonhos pode ser livre o homem."

E assim fiz. Sonhei, para não viver em pesadelo.

Depois do pleito em que me candidatara a vereador, atraí a atenção do PTB paulista, que me convidou a concorrer pela sigla trabalhista a deputado estadual. Aceitei o desafio.

Durante a campanha, percorri todo o estado de São Paulo. Visitei cada rincão, cheio de vitalidade política, com uma oratória cada vez mais potente mas, infelizmente, por inexperiência política, sem uma bandeira nítida, um foco para meus discursos. Ora dispersava-me em vagas palavras pela melhoria de vida do povo brasileiro, ora concentrava-me em problemas locais de minha cidade, como a luta pela população carente dos mangues de Guarujá. E, sabemos, um bom político elege seus tópicos centrais, bate e rebate nestas teclas, diferencia-se dos outros, enfim, através de suas próprias bandeiras, seus próprios núcleos de ação.

O resultado do pleito, mais uma vez, não foi ruim. Obtive cerca de 9000 votos e, principalmente, aprendi que precisava me estruturar melhor para enfrentar a arena (de leões) da política.

Pensando assim, em 1996 montei uma ONG com o intuito de erguer uma espécie de radar que captasse todas as irregularidades praticadas pelos políticos de Guarujá. O radar vigiava a prefeitura, fazia uma fiscalização permanente dos orçamentos do município. Entretanto, mais do que a simpatia do povo, minha ONG atraiu a ira dos poderosos.

O prefeito de Guarujá à época, Ruy Gonzalez (que sofreria tentativa, pela oposição, de *impeachment* e mais tarde seria preso por envolvimento com a quadrilha que sequestrou a família do gerente de um banco na Baixada Santista), passou a perseguir-me. Tinha talvez receio de que eu revelasse seus envolvimentos com superfaturamentos, descobertos mais tarde, e/ou me lançasse candidato a prefeito.

Em decorrência disso, sofri um atentado de morte.

Estava numa pizzaria de minha cidade, de costas para a porta, quando três homens armados entram no local para me assassinar.

Por sorte, estava no restaurante também um investigador da polícia, homem bravio que deteve e prendeu os facínoras. Mais tarde, conversei com ele sobre o ocorrido. Agradeci-lhe por me salvar a vida e tornei-me seu amigo. Nossa amizade dura até os dias de hoje.

Depois do atentado fiquei horrorizado com a cara feia da realidade. Pois a realidade era que aquela gente, para enriquecer, roubava o dinheiro do povo com mil artimanhas, pousando com sorrisos paternais para a mídia e mandando matar secretamente quem ousasse denunciar-lhes a podridão.

Já não me sentia seguro em parte alguma. Resolvi contratar três guarda-costas, ágeis capoeiristas que jamais me largavam, como se fossem minha própria sombra. Graças a esta proteção, continuei meu trabalho.

Passei a participar das seções dos vereadores na Câmara Municipal, como munícipe, reivindicando, exigindo mesmo a formação de uma CEI – Comissão Especial de Investigação, um instrumento que vigiasse as ações do nefasto prefeito. Imagino que este, talvez mandatário daquela tentativa de me assassinar, me achasse louco. Mas o que seria do mundo se não fossem as investidas dos "loucos" sobre aqueles que se fazem de homens honrados e pilham o patrimônio público, que se alimentam, como vampiros, do sangue do trabalhador?

A CEI não deu em nada. Ingenuidade minha: não percebi que o prefeito estava protegido por uma corja de "amigos" dentro da esfera do poder local, gente que ganhava algo com isso ou temia aquele homem rico e violento.

O pior, porém, estava para acontecer.

Em 1998, depois de quase uma década de infortúnios, para selar esta longa fase negra, ocorreu o que é de fato irremediável: perdi meu pai.

Sua morte me fez rever, como num longo *flashback*, toda nossa relação. Havíamos discutido muito durante minha vida inteira. E se, até certa idade, me submeti aos seus pontos de vista conservadores, classistas, rígidos, a partir da juventude me opus frontalmente a ele, aderindo à causa do povo trabalhador. A tensão cresceu até aquele ponto em que ele decidira não me deixar nada do que havia conquistado, já que eu me opunha ao domínio da elite que ele defendia. Entretanto, apesar das diferenças, aquele homem agira – a seu modo, com seu ponto de vista – para me proteger. De alguma forma, pensei, por mais áspera que fosse para mim sua maneira de ver as coisas, sempre me amara.

Uma prova disso foi que, pouco antes de morrer, rasgou o papel que me deserdava.

10. Do período sabático a Copenhague (1999-2009)

Um pouco antes de morrer, meu pai pediu-me que jamais publicasse um livro. Sabia que eu desejava fazê-lo. Tinha medo de que minhas revelações sobre a política corrupta de Guarujá causassem minha morte. Lembrou-me de que três vereadores já haviam sido assassinados na cidade, por denunciarem esquemas e clamarem por transparência e justiça social. Eu, que já havia sofrido aquele atentado, vendo meu pai combalido, tranquilizei-o. Sabia, no fundo, que aquele não era o momento de colocar a boca no trombone em minha província, mas de atuar em outras frentes, mais amplas e de alcance mais profundo.

Resolvi fazer um período sabático, me preparar mais para enfrentar melhor os problemas sociopolíticos que ia descobrindo aos trancos e barrancos, no Brasil e no mundo.

Vendi a rádio, que ocupava um tempo precioso dos meus dias e que, a esta altura, face ao contexto sinistro que me cercava, já não podia mais erguer a voz potente que eu lhe dera nos seus primeiros e ingênuos anos.

Então fui em busca de conhecimento e mergulhei nos estudos.

Em 1986, eu me graduara em jornalismo pela Faculdade de Comunicação Social Cásper Líbero (SP). Antes, em 78, já concluíra a Engenharia Civil, na Escola de Engenharia da Universidade Presbiteriana Mackenzie (SP).

Agora fazia Direito em Santos, na Universidade Santa Cecília, com o intuito de compreender bem as leis que o poder hegemônico manipulava para cá e para lá, sempre a seu favor, muitas vezes transgredindo-as de maneira acintosa.

Era uma loucura, eu ia de um lado para o outro e estudava compulsivamente, porque além do Direito, que concluí em 2001, me dedicava a outras matérias que me obsedavam. Assim, entre 2000 e 2002, fiz três especializações Lato-Sensu: Termofluidomecânica (Universidade Federal de Itajubá); Geoprocessamento (Departamento de Geografia da Universidade Federal do Rio de Janeiro), e Engenharia Oceânica (Coordenadoria de Pós-Graduação e Pesquisa, da Universidade Federal do Rio de Janeiro).

Além disso, em 2003, preocupado com velhas questões que me afligiam, como a despoluição da água e do ar, fiz o mestrado em Engenharia Mecânica, também na Universidade Federal de Itajubá. Lá estudamos a modelagem da qualidade do ar, fizemos uma revisão de modelos antigos e uma proposta para a consideração do efeito poluente da movimentação de fontes móveis, como carros e aviões.

Esses estudos todos convergiram para um tema que me absorveria até os dias de hoje: as agressões sistemáticas ao nosso ecossistema, promovidas por um capitalismo cada vez mais ambicioso e predatório.

A par disso, em 2004 voltei à Jovem Pan (na época não reacionária como hoje), onde exerci as funções de consultor e repórter especializado em meio ambiente, criando o programa SOS Planeta.

Tornei-me também diretor de dois *campi* da Universidade Paulista, a UNIP, um na Avenida Anchieta, no limite entre São Paulo e São Bernardo; outro na Lapa, em São Paulo.

No da Avenida Anchieta fiz uma mudança extremamente importante: aproximei políticos locais e líderes comunitários da comunidade acadêmica, promovendo discussões da ordem do dia e estabelecendo uma conexão imprescindível entre as cidades do ABC paulista. Foi quando ajudei a reerguer o Concelho de Desenvolvimento Metropolitano da região.

No *campus* da Marquês de São Vicente, na Lapa, percebi que a população do entorno precisava muito de auxílio fisioterápico, e abri as portas da universidade para que ela prestasse apoio gratuito às pessoas necessitadas.

Sob o influxo desta gestão nos *campi* da UNIP, ajudei a reorganizar a Agência de Desenvolvimento do ABC, que visava (e logrou) atuar como braço operacional do Consórcio Intermunicipal para promover o desenvolvimento econômico da região, por meio da união de forças de instituições públicas e privadas.

Minha atuação acadêmica e política no estado de São Paulo, somada à experiência na Jovem Pan como repórter do SOS Planeta, acabaram me levando, em 2009, a um dos eventos que mais me marcaram em minha vida: a 15º Conferência das Partes (Cop 15), realizada pela ONU, em Copenhague.

O tema, como se sabe, eram as negociações para estabelecer novas metas internacionais de redução da emissão de gases causadores do efeito estufa, que iriam substituir, após 2012, as estabelecidas pelo Protocolo de Kyoto. Eu faria a cobertura do evento para a Jovem Pan e, embora o tenha feito, e bem, a experiência que tive lá me levou muito além dos objetivos profissionais.

Cheguei em 30 de agosto daquele ano na Suécia. Instalei-me em um hotel, numa cidadezinha próxima da capital dinamarquesa. De lá ia para o centro de convenções Bella Center, em Copenhague, todos os dias. Fiz isso porque já não havia vagas nos hotéis de Copenhague, e a distância não era tão grande quanto parece.

No Bella Center, deslumbrado, deparei-me com um desfile de lideranças mundiais. Barack Obama, centro das atenções, simpático, porém evasivo quanto aos objetivos do encontro, vinha acompanhado de sua recente Secretária de Estado, Hillary Clinton. Angela Merkel, mais discreta porém respeitada, exibia seu feitio mais racional, mais técnico. Lula (que era "O cara", segundo Obama) surpreendia a todos com discursos coerentes, comprometidos com o acordo climático, que reduziria a emissão de gás carbônico e, portanto, mexeria com as economias nacionais, sobretudo das grandes potências. Giberto Gil, Ministro da Cultura, mostrava-se serena e claramente a favor do acordo. Dilma, nossa Ministra

Chefe da Casa Civil, brilhava. E aqui contarei um caso à parte.

Quando pressionada sobre se o Brasil tomaria providências contra a poluição da atmosfera, coisa que em nenhum momento foi assumida pelos gigantes EUA e China, Dilma disse que era absurdo flexibilizar as responsabilidades dos países ricos naquela história. Por que eles eram evasivos quanto ao tema? Por que todos apontavam agora o dedo para o Brasil ou a Índia, por exemplo? Sem o comprometimento de todos, disse, e não só do Brasil e de outros países em desenvolvimento, as emissões mundiais de dióxido de carbono não seriam reduzidas e o acordo seria um fracasso. Enquanto isso, as grandes potências olhavam para o lado... Tanto que, ao final do encontro, China e EUA não assinaram o acordo.

Em meio às estrelas políticas, indignados, ecologistas e representantes de várias etnias ameaçadas pela crise ambiental planetária faziam passeatas exigindo atitudes e direitos; entre eles, os índios brasileiros, cada vez mais temerosos da devastação que ocorria na Amazônia (e nem se podia imaginar, naqueles dias, o nível a que esta devastação chegaria no nefasto governo Bolsonaro...).

Não esquecerei que a senadora Kátia Abreu, empresária pecuarista, à época muito criticada por suas posições quanto ao meio ambiente, recebeu do Green Peace e do S.O.S. Mata Atlântica um presente insólito, porém muito significativo: uma motosserra.

Quando voltei da Cop 15 para o Brasil, levava muito mais do que minha mala: trazia na bagagem a consciência de que o ecossistema mundial é uma questão holística, na qual o que um faz repercute na casa dos outros, de todos os outros. É também um entrave econômico, uma vez que as grandes potências, maiores emissoras de gases, não queriam parar suas máquinas para não deixar de engordar seus cofres.

Ao chegar em casa, tinha comigo uma ideia nova, uma bandeira, pela qual eu lutaria o resto da vida. A ela reservarei o próximo capítulo.

11. A mente entra nos trilhos (2009-2015)

Os problemas ambientais que deviam unir os líderes mundiais em torno de uma óbvia e urgente pauta comum – salvar o planeta, nossa casa – e os adversos interesses econômicos das grandes potências, que criavam terríveis entraves ao bom senso em nome da ganância, ganharam trágica evidência para mim na Cop-15.

Percebi que todo indivíduo consciente do que estava acontecendo no mundo precisava fazer a sua parte na luta contra o suicídio coletivo que vinha sendo praticado. O fim do ecossistema global representa, é claro, o fim da nossa espécie e, sobretudo, de outras espécies (é preciso lembrar que os seres humanos representam apenas 0,01% da vida no planeta).

Mas como não queria me dispersar em generalidades, sob pena de me perder numa gritaria coletiva sem avanço algum, busquei o meu foco, a minha bandeira específica. Acreditei (como ainda acredito) que, se cada um encontrasse um ponto de resistência bem definido ao capitalismo predatório, à ganância das grandes corporações que destroem a sustentabilidade da vida em nome do lucro e da concentração de riquezas, como numa guerra com vários ângulos de ataque teríamos mais eficiência coletivamente. Foi então que começou a surgir, na curva do meu destino, o trem que me levaria ao bom combate.

Desde pequeno eu era obcecado pelos trens. Quando morava no Brás, menino ainda, via o bonde passar com temor, porque um dia atropelara um parente do meu avô. Aquilo marcou-me fundamente. Depois fui morar em outra região de São Paulo em que circulava o famoso Trem das Onze, o trem celebrizado por Adoniran Barbosa. Fui me apaixonando pelo tema. Primeiro, quando criança, o trem era perigoso. Mais tarde percebi que ele não era perigoso – era poesia. E comecei a estudar o assunto, como engenheiro, como jornalista, ao passo em que acompanhava os eventos climáticos mundiais, nos quais se falava na questão da vantagem dos trilhos sobre as estradas.

Na Cop-15 percebi que o mundo precisava mudar definitivamente a matriz de seus transportes. Não bastava só substituir as fontes energéticas, como a gasolina e o óleo diesel por álcool, eletricidade etc. Era necessário mudar a matriz, transportar menos sobre pneus e mais sobre trilhos, utilizando-se também as hidrovias e conectando-se tudo isso de forma racional, intermodal.

Em meus estudos, descobri que a volta das ferrovias ao Brasil traria benefícios econômicos, ambientais e sociais. No tocante à economia, além de aumentar a competitividade do país no mercado externo, diminuiria o preço dos alimentos, tornando-os mais acessíveis à população.

Deve-se considerar que, quanto mais transporte de pessoas e mercadorias sobre trilhos houver, menos carros particulares e menos caminhões estarão nas estradas, o que resulta em uma redução enorme de emissão de gases, diminuindo também o número de acidentes e, portanto, de prejuízos ao governo e às famílias.

Do ponto de vista ambiental, diversos estudos mostram que o trem é menos poluente que o carro, o ônibus ou o caminhão. No aspecto social, menos tempo em congestionamentos nas ruas e estradas se traduz em menos despesas e mais tempo livre para os cidadãos.

Tudo isso me parecia (como de fato é) muito claro, óbvio, necessário.

De volta de Copenhague ao Brasil, resolvi lançar mãos à obra. Para isso, sabia que precisaria desenvolver um grupo de estudos e de lutas, porque, sozinho, pregaria no deserto.

Foi assim que me aproximei de algumas pessoas que dariam corpo e alcance à bandeira do ferroviarismo.

Naquela época conhecia um engenheiro, simpático à minha causa, o Dr. Walter Pedro Bodini, que por duas vezes fora presidente da FEPASA (Ferrovia Paulista S. A.). Walter morava perto da USP, e foi ali, no escritório de sua casa, que demos início ao movimento que mais tarde se tornaria um bastião da luta pelo ferroviarismo.

Todas as semanas, convidávamos pessoas especializadas para irem lá falar sobre os inumeráveis benefícios e vantagens das ferrovias. Das nove da manhã ao meio-dia, explorávamos o tema com precisão analítica e largueza de visão. Participavam das reuniões os filhos de Walter, Marco e Walter Filho; Guilherme Quintella, que viria a ser um dos autores da Ferrogrão; o três vezes vereador pelo PSDB em São Paulo, Celso Matsuda; Jean Carlos Pejo, que também fizera parte dos quadros da FEPASA. Pejo e Matsuda viriam a atuar, mais tarde, no governo Bolsonaro, obscurecendo suas carreiras que, de resto, desde o início estavam conectadas a interesses econômicos e não-públicos. De qualquer forma, à época este grupo deu-me forças e suficiente presença na mídia para fundar e presidir, em 2014, aquela que seria a maior defensora dos aspectos democráticos e ambientalmente responsáveis das ferrovias: a FerroFrente.

À testa do movimento pelo retorno das ferrovias ao Brasil, iniciei uma série de batalhas que enfrentavam, acima de tudo, o pensamento rodoviarista nacional, que fora iniciado por Juscelino Kubitschek, com sua opção por abrir estradas e atrair a indústria automobilística internacional para o país; e também os interesses do agronegócio, sempre focado em usar ferrovias para transportar em grande escala os produtos de seus latifúndios, em detrimento dos pequenos produtores e do transporte de pessoas, ou seja, do crescimento mais equânime e justo da nação.

Podem-se imaginar as barreiras que enfrentei (muitas das quais ainda subsistem).

Tratei logo de buscar apoios políticos, parceiros da esfera pública para a minha causa. Na

Assembleia Legislativa de São Paulo fiz crescer a discussão sobre a importância das ferrovias e de sua conexão com o ferroviarismo urbano, a chamada malha metroferroviária.

Enfrentei a FIESP (Federação das Indústrias do Estado de São Paulo), cujos tubarões querem sempre apenas vagões para levar suas encomendas, sem se preocupar com o crescimento orgânico do Brasil e uma vida mais digna para o povo.

Lutei contra a concessão de trechos percorridos pela malha ferroviária a operadores que se tornam "donos do pedaço", cobrando pela passagem de trens dos outros, como faziam os feudos da Idade Média, que criavam tarifas para a circulação em suas terras. Sempre defendi o operador independente, que não pode cobrar nada, e nisso tive grande apoio de Bernardo Figueiredo, presidente da ANTT (Agência Nacional de Transportes Terrestres), o mesmo que viria a ser uma espécie de superministro da Dilma à frente da estatal EPL (Empresa de Planejamento e Logística).

As batalhas, enfim, são diversas e tortuosas. Mas quando se enfrentam gigantes, é preciso ter paciência, resiliência, determinação. É preciso informar as pessoas de que estamos lutando por algo justo, que vai melhorar suas vidas, a de nosso país e a do planeta. É por isso que termino este capítulo dando-lhes um dado assombroso que, por si só, já bastaria para abandonarmos o pensamento rodoviarista, tirarmos as ferrovias das mãos de meia dúzia de empresários egoístas e fazermos o Brasil crescer sobre trilhos, como um todo:

Um caminhão transporta de 20 a 30 toneladas. Um vagão de trem transporta 100, o equivalente a cerca de 4 caminhões. Basta fazer as contas para saber que um trem composto de 100 vagões substitui cerca de 400 caminhões. Imagine-se a economia e a queda brutal na emissão de gases!

Estamos na contramão do futuro, e precisamos retomar nosso caminho para um mundo viável e mais humano.

12. A luta através da palavra (2016-2020)

A partir da fundação da FerroFrente, outro campo de batalha se apresentou em meu caminho: o das letras. Decidi escrever o que pensava sobre as ferrovias, sobre o país, levar minhas ideias para um público mais amplo, no espaço e no tempo.

Um tanto titubeante sobre se seria capaz de registrar em livro minha luta pela importância do ferroviarismo na democratização dos transportes e do crescimento econômico do país, mas com muita vontade de fazê-lo, reuni alguns escritos e os submeti a um revisor, o qual viria a se revelar uma pessoa muito importante em minha vida a partir de então. Era o editor Sálvio Nienkotter, de Curitiba.

Sálvio, um intelectual refinado e exigente, não só revisou e me ajudou a estruturar aquele que seria meu primeiro livro, "Um Brasil sobre Trilhos", como se tornou (e até hoje o é) um grande parceiro de debates culturais e ideológicos, às vezes fervorosos, os quais me ajudariam a depurar meu posicionamento à esquerda, numa luta contra pensamentos conservadores que faziam parte de minha própria formação burguesa.

Em "Um Brasil sobre Trilhos", para além da questão ferroviária (ou através dela), apresento um projeto de nação. Um projeto de apropriação do território. Lembro no livro que território é área – inscrita nos limites nacionais – mas também rede. Ou seja, além de considerar a extensão territorial de uma nação, mostro que é necessário observar a rede de conexões e circulação que articula essa extensão territorial. Para que o Brasil caminhe sobre os trilhos, esclareço que precisamos de um grande projeto de integração nacional, o qual permita a realização e a circulação das riquezas produzidas pelo trabalho, em cada canto deste país. E que isso exige uma visão qualificada de redes de integração que não seja restrita à malha rodoviária – embora essencial para a mobilidade por meio de carros e caminhões – ou à rede de linhas aéreas, ainda concentrada nas regiões sul e sudeste. É urgente reativar, qualificar e ampliar a rede ferroviária brasileira. Esta era a tese central do livro.

Depois desta publicação, feita em 2014 pela editora do Sálvio, a Kotter Editorial, e com o apoio fundamental de sua visão crítica, entusiasmei-me, arregacei as mangas e, a partir de 2015, trabalhei incessantemente na divulgação e perpetuação de meus pensamentos e lutas numa série de livros, cujos temas passo a descrever brevemente aqui.

Em "Madeira-Mamoré", iniciei minha contribuição para que se recupere o passado do ferroviarismo do Brasil, resgatando a importância que esse meio de transporte teve ao longo da história para o desenvolvimento da nossa economia. É lamentável que uma parte desse acervo ou se perdeu, ou está em péssimo estado de conservação. No livro, procurei, porém, evitar uma visão saudosista, pelo contrário: mostrei que esta perspectiva histórica aponta ainda hoje um caminho para a construção do presente e do futuro do nosso país.

"Madeira-Mamoré" conta a história da ferrovia quase inacreditável que foi construída no começo do século XX em plena Selva Amazônica, estendendo-se por 366 quilômetros entre Porto Velho e Guajará-Mirim, durante o Ciclo da Borracha. Analisa, por um lado, o pioneirismo e heroísmo dos valorosos brasileiros que a empreenderam e, por outro, os interesses internacionais envolvidos e o alto custo em vidas humanas pago para construí-la e mantê-la.

Para mostrar o quanto a logística, poluição e mobilidade urbana estão intrinsicamente ligados e o quanto afetam fortemente a saúde, a disposição e o bolso de todos nós, escrevi "Despoluindo sobre trilhos". No livro utilizei a farta quantidade de dados que havia coletado em minhas pesquisas para a tese de doutorado em engenharia. Focado na logística de transporte de cargas no Brasil, sob o ponto de vista ambiental e econômico, o livro serviu também como um alerta para o futuro, tanto do Brasil como do mundo, no que diz respeito aos impactos causados pela maneira como nos locomovemos pelo planeta.

"Ferrovias" traz artigos escritos por mim e documentos relativos ao transporte sobre trilhos, seja de cargas seja de pessoas. Faz uma ampla análise das causas que resultaram no estado de abandono criminoso do modal ferroviário em nosso país. No livro, volto à história ferroviária brasileira, sob os prismas técnico, político e ambiental, percorrendo aspectos mais complexos que são de interesse público, mas de forma simples (e não simplória). Apresento no livro possíveis soluções e alternativas para que o caos no setor seja enfrentado de um modo estruturante.

Em "Ferrovias Paulistas", segundo volume da série "História das Ferrovias do Brasil", iniciada com "Madeira-Mamoré", tracei a memória da construção de linhas férreas no Estado de São Paulo. Não me prendi à narrativa linear da história da malha ferroviária paulista, mas destaquei os pontos cegos que, por vezes, deixaram de fazer parte da história oficial, como por exemplo o fato de que nem só de café viviam as ferrovias, mas acabavam por escoar também algodão, minérios, ferro, tecidos e até carga viva de bois.

Num momento em que só se discute a retomada das concessões ferroviárias em negócios atrativos para o setor privado e em que os investimentos propostos são, estritamente, aqueles necessários para atender a estas condições, escrevi "Ferrovia Essencial". O livro reúne informações e conceitos sobre a ferrovia e sua relação com a sociedade brasileira, os quais, penso eu, enriquecem e qualificam o debate público sobre uma questão absolutamente essencial. Este livro é uma contribuição para difundir a cultura ferroviária e para conscientizar a sociedade sobre a importância da ferrovia para a eficiência e sustentabilidade da logística e da mobilidade no Brasil.

12.1. Encruzilhada no CREA-SP

Passo a falar agora, mais detidamente, sobre aquela que tem sido uma das mais tormentosas e necessárias lutas que tenho empreendido nos últimos tempos, contra algo que me afeta pessoalmente, como engenheiro e cidadão, mas também afeta a todo o país, uma vez que representa um desrespeito profundo à representatividade legítima e democrática das categorias profissionais no Brasil.

Refiro-me aos fatos relatados em meu último livro, "Engenharia em Chamas: Encruzilhada histórica no CREA-SP ", publicado neste ano de 2021 pela Kotter Editorial.

Ocorre que a atual gestão do Conselho Regional de Engenharia e Agronomia de São Paulo tem protagonizado ultimamente uma série de irregularidades, as quais vêm sendo alvo de inúmeros alertas públicos. Setores esclarecidos da categoria têm se insurgido contra as atitudes autoritárias e inconsequentes do CREA-SP, hoje mais preocupado em avançar sobre o patrimônio sob sua responsabilidade, colocando-o em um balcão de negócios, do que em cumprir com seu papel de representar a valorosa categoria dos engenheiros.

Uma recente decisão em primeira instância da Justiça Federal de São Paulo interrompeu uma das iniciativas mais desajuizadas do CREA, uma permuta de imóveis que, na verdade, se configurava de fato num acerto com uma empresa que supostamente construiria uma nova sede para a entidade, em troca de seis imóveis do Conselho em São Paulo. O orçamento dessa empreitada é de 200 milhões de reais e seria executado – caso a vontade do CREA prevalecesse – sem projeto nem licitação, desrespeitando claramente as leis que protegem o patrimônio público.

Contra esse descalabro, entramos na Justiça com ação popular ao lado de outros companheiros, inclusive conselheiros, que não concordaram com a intenção do CREA de levar adiante a negociata. A sentença favorável à anulação do chamamento público que dá corpo à permuta foi proferida no último dia 30 de julho.

Foi uma decisão impecável, sem mácula, assinada pela juíza Regilena Bolognesi, que, dessa forma, diante de nossa representação, interrompeu o célere e escandaloso processo de dilapidação do patrimônio público que o CREA pretendia instalar com a permuta. "Verificada a possibilidade de competição, o chamamento público não dispensa a necessidade de realização do certame licitatório", escreveu a magistrada ao acolher nossa ação.

Meus companheiros e eu já havíamos alertado sobre a temeridade desse milionário escambo de 200 milhões em obras, enfiado goela abaixo dos engenheiros, sem projeto básico, sem concorrência pública e com um único interessado, apontado em um chamamento instalado a toque de caixa.

Está claro agora para a Justiça que a gestão do CREA avança sem escrúpulos sobre o dinheiro público.

A anulação seguiu-se a uma outra decisão por parte do Tribunal de Contas da União, também em julho, depois de já haver suspendido o chamamento público. Ambas apontam na mesma direção – a imprudência e suspeição do CREA.

Infelizmente, a límpida visão demonstrada pela Justiça faltou a muitos conselheiros, incapazes de dizer não à fúria do CREA em arruinar nosso patrimônio. Certamente haverá consequências políticas e provavelmente de responsabilidades, sob a ótica da Justiça, para quem aprovou a tal permuta nesses termos.

Ressalte-se que essa questão não é um fato isolado no histórico recente de irregularidades do CREA. Várias ações estão judicializadas, inclusive as últimas eleições, cheias de vícios e fatos suspeitos. Tudo está sendo analisado pela Justiça.

Esses acontecimentos dignos de repúdio estão todos narrados no livro *Engenharia em Chamas: Encruzilhada histórica no CREA-SP*, de minha autoria.

Estamos fazendo história, em mais uma vitória da Engenharia, da moralidade, da transparência.

Nesta, como em tantas outras frentes de batalha, tenho noção de que a luta pelos valores democráticos, contra a ambição de alguns poucos indivíduos que só fazem enriquecer e destruir um projeto amplo de nação para o povo brasileiro, é necessária e permanente. Precisamos estar sempre atentos, dispostos a enfrentar desmandos, com coragem e disposição férreas.

O Brasil poderá, sim, entrar nos trilhos. Encontrar o caminho do crescimento econômico e social para todos os brasileiros. Mas para isso, jamais podemos nos permitir o desânimo. Temos que ter em mente palavras como as do poeta Bertolt Brecht, que tanto me marcaram ao longo da vida:

"Há homens que lutam um dia e são bons;
Há homens que lutam um ano, e são melhores;
Há aqueles que lutam muitos anos, e são muito bons;
Porém há os que lutam toda a vida.
Estes são os imprescindíveis. "

13. Apêndice: textos publicados na imprensa.

Ao longo dos anos, não me abstive de usar, contra os desmandos e injustiças (quando não barbaridades) praticados em nosso país, uma forte arma de amplo alcance: os artigos na imprensa, digital ou impressa. Deixo registrados aqui alguns deles, escritos por mim ou sobre mim. Estão separados por temas, fulcrais em minha luta pela igualdade social em nosso país.

O PORTO DE SANTOS

1. Cenas que não queremos ver no futuro porto de Santos

Uma nova audiência pública virtual sobre licitações no porto de Santos foi marcada pela Antac, Agência Nacional de Transportes Aquaviários, para o dia 1º de junho. É mais uma oportunidade para refletirmos sobre a complexidade que envolve a região portuária, e os reflexos que alguns dos projetos encaminhados para expansão da atividade local poderão ter sobre a população de Santos, Guarujá e toda a Baixada Santista.

A expansão do porto deverá ocupar a margem esquerda do complexo, ou seja, a área de Guarujá onde já existem terminais que operam produtos perigosos, a granel ou em contêineres, cujos Estudos de Análise de Risco, Planos de Gerenciamento de Riscos e de Ação de Emergências precisam ser atualizados e tornados públicos.

Um exemplo da gravidade e perigo real já

existente nesse trecho é o volume armazenado de nitrato de amônio, principal matéria-prima utilizada na produção de explosivos e fertilizantes. Trata-se da mesma substância que causou a explosão na região portuária de Beirute, capital do Líbano, em agosto do ano passado.

A movimentação do nitrato de Amônio é feita no TERMAG- Terminal Marítimo de Guarujá, sob licenciamento da Cetesb e autorização do Exército Brasileiro. Os armazéns destinados a receber esse material são verdadeiros artefatos, capazes de mandar tudo ao redor pelos ares. Toda essa estocagem deveria operar afastada da cidade.

Causa-nos surpresa, portanto, que no último licenciamento do porto, realizado há poucos anos, tal risco iminente de tragédia não tenha sido considerado. Esse cuidado é imperioso para não repetirmos o histórico de ocorrências de lamentáveis proporções na região.

Em 2015, o terminal da empresa Ultracargo, na Alemoa, pegou fogo e deu início a um dos mais longos incêndios já registrados em todo o mundo. Foram nove dias, 200 bombeiros e brigadistas e mais de 5 bilhões de litros de água para frear o estrago.

Em janeiro de 2016, outro grande incêndio

atingiu contêineres com ácido dicloroisocianúrico de sódio no Terminal 1 alfandegado da empresa Localfrio, em Vicente de Carvalho, Guarujá.

O contato da água da chuva com o ácido, guardado sem o menor cuidado e fiscalização, provocou a queima. Demais contêineres atingidos armazenavam produtos químicos como nitrato de potássio, herbicidas, inseticidas, resinas, óleo isolante entre outros.

As chamas levaram mais de 50 horas para serem controladas, não sem antes causar enormes transtornos à população, sem falar no prejuízo à atividade econômica.

A nuvem de fumaça tóxica se espalhou para outros municípios, além de Santos e Guarujá. Houve interrupção da travessia das balsas, suspensão da travessia de pedestres e o fechamento do canal de entrada e saída de navios no estuário. Pelo menos 170 pessoas procuraram os serviços médicos em quatro cidades da região, apresentando irritação nos olhos, dificuldade de respiração, tontura e náuseas.

À época, debateu-se a questão da segurança relacionada às cargas perigosas estocadas e até mesmo abandonadas no porto. Perdemos a chance de evoluir para a busca de soluções efetivas.

A movimentação de cargas com alto potencial de danos à saúde e meio ambiente continuou sendo prática corriqueira no porto. Em 2019, o cais santista recebeu mais de 5 milhões de toneladas de fertilizantes, apesar de o Ibama afirmar que fez uma operação de mapeamento das áreas de manipulação de produtos perigosos, e que tudo estaria em ordem.

Segundo o Ibama, depois de vistoriar 53 terminais, 100 empresas e três navios, em uma operação conjunta com o Exército, Receita Federal, Defesa Civil e Autoridade Portuária, nada de preocupante foi encontrado.

Outro episódio, de menores proporções, aconteceu em 2017, na Ilha Barnabé: um curto-circuito na casa de bombas que capta água do mar. Por sorte, ninguém saiu ferido.

Mas nós não podemos contar com a sorte. A prosseguir esse incentivo descuidado que abarca de navios-bomba com material tóxico até incineradores de lixo na região do porto, Santos, Guarujá e região serão como pólvora à espera de uma fagulha. E o rastro de destruição afetará a todos.

2. Santos, um porto fechado para o desenvolvimento regional

Algo muito grave acontece no principal ponto de contato comercial do Brasil com o mundo.

As atividades portuárias em Santos estão sendo pautadas pelo agronegócio. Commodities chegam e partem pelo Atlântico, deixando atrás de si o caos. O movimento cresce de forma desorganizada, sem gestão, nem projeto. Os silos avançam sobre o espaço que pertence à comunidade, quase invadindo as casas de quem mora nos arredores.

Apenas as empresas de navegação, os retroportuários (transportadoras baseadas no uso de caminhões) e a empresa que monopolizou o trecho do sistema ferroviário que dá acesso ao porto de Santos são beneficiados com essa estrutura precária. Enquanto isso, o porto e a cidade estão sitiados. Santos e sua população são penalizados com esse modelo – e correm enorme risco com o que acontece na região portuária, onde são operadas e armazenadas mercadorias perigosas o suficiente para exterminar vidas e comprometer o rico habitat local.

Basta dizer que um navio tanque está atracado entre a entre a ilha Barnabé e Alemoa, sob uma constante possibilidade de explosão, o que seria catastrófico para a Baixada Santista (basta lembrar o acidente ocorrido no ano passado com o armazenamento de nitrato de amônio no Líbano). O estrago aqui seria muito maior. A embarcação em questão é um verdadeiro navio-bomba, com potencial equivalente a 55 artefatos equivalentes ao de Hiroshima. O próprio distrito industrial da Alemoa concentra outras atividades perigosas, tornando o local um verdadeiro barril de pólvora, ao lado de terminais portuários sem controle ambiental e fiscalização adequada

Outra situação gravíssima é a dos trilhos nos portos, e tende a piorar com o tratamento que o governo federal tem dado a esse tipo de transporte, deixando a cargo das empresas fazerem o que bem entendem com o restante de nossa malha ferroviária. O trem que chega até Santos poderia ser um importante vetor de integração e valorização turística, mas está entregue a interesses bem particulares.

Há ainda muitos aspectos que precisariam ser enfrentados e demandam projetos de engenharia, começando pela construção de um túnel entre Santos e Guarujá, a fim de revitalizar a margem esquerda do porto, e chegando até a melhoria de eficiência e disposição da dragagem no canal, que, aliás, está parada há quase dois meses.

O porto de Santos concentra, enfim, uma série de oportunidades de desenvolvimento regional e geração de empregos locais, hoje desperdiçadas pela omissão e negligência das autoridades, com a benção da sociedade civil, que não reage a essa incompetência oficial.

O que o porto de Santos proporciona atualmente em benefícios para a região litorânea é muito pouco para uma cidade que tem na engenharia, no legado de Saturnino de Brito e outros tantos históricos engenheiros, uma de suas maiores virtudes.

Precisamos reviver essa história e tornar o porto um lugar seguro para a cidade voltar a respirar e crescer.

3. O Brasil navega às escuras sem um modelo portuário

Qual o modelo portuário mais adequado para o Brasil? O assunto foi recentemente discutido na Comissão de Viação e Transportes da Câmara das Deputados, pouco depois de o governo colocar em leilão cinco terminais de Norte a Sul do país, em um flagrante descompasso de prioridades. Afinal, não seria aconselhável discutir primeiro o modelo que queremos para nossos portos antes de começar a privatizá-los?

Privatização ou desestatização não são, necessariamente, a melhor solução. Não tivemos a oportunidade de discutir alternativas. O debate sobre a política mais adequada para a infraestrutura portuária deveria, na verdade, ter começado bem antes do que a tal audiência pública promovida pelo Legislativo, que nos parece muito mais uma cortina de fumaça para nos distrair do jogo de cartas marcadas que está sendo esse recente festival de privatizações. Ferrovias e aeroportos também entraram na roda.

O modelo portuário precisa estar em harmonia com os demais modais de transportes. Enfrentamos hoje, por exemplo, uma absurda falta de integração entre Santos e a ferrovia. Realizada a antecipação da concessão da malha paulista, não se atentou para o fato de que há, dentro do porto, um conjunto de compromissos contratuais de concessões que se afunilam até que tudo isso chegue aos navios, de forma equivocada. Não há qualquer lógica ou inteligência aplicadas ao que se transporta sobre trilhos pelo estado e pelo país.

Santos, aliás, é o retrato do descaso das autoridades, do distanciamento delas dos reais problemas que nossos portos enfrentam. Opera no limite, com urgentes necessidades de revitalização, com dragagem interrompida e o caos instalado em suas imediações.

Sem uma visão ampla e futurista da questão portuária, que abarque a integração efetiva e eficiente do modal com outros meios de transporte, e promova a modernização dos terminais, continuaremos navegando às escuras, num contínuo ir e vir de navios carregados de *commodities*, que só atende ao interesse de poucos. É muito pouco para uma nação grandiosa como o Brasil.

O DESGOVERNO

1. A Sociedade não pode se calar diante da ameaça de golpe

Foi com profunda indignação que recebemos a assombrosa, porém não totalmente inesperada notícia, relatada pelo jornal O Estado de S. Paulo, de que o general Braga Netto, ministro da Defesa, fez ameaças contra a democracia, ao condicionar a realização das eleições do próximo ano à aprovação do retorno ao voto impresso pelo Congresso Nacional.

Tal atitude, irresponsável e inconsequente, deve ser motivo de nossa imediata e enérgica contestação, em todos os níveis da sociedade.

Não podemos admitir que a ideia de golpe seja ventilada por representantes do governo, instilando ainda mais crise ao verdadeiro caos institucional que atravessamos. Não podemos nos silenciar.

A atitude do general não é um fato isolado. Seu gesto é mais uma manifestação revoltante de um governo que vem intimidando as instituições democráticas e provocando o temor, concreto, de um golpe às vésperas das eleições.

O comportamento absolutamente reprovável desses péssimos patriotas inclui a desastrosa gestão à frente do Ministério da Saúde; bem como a presença do general Eduardo Pazuello em uma manifestação política no Rio de Janeiro, desrespeitando a hierarquia militar, juntamente com o presidente da República.

Importante dizer que as Forças Armadas são mais sérias que alguns de seus generais; e que nomes como o de Braga Netto não representam a vontade da instituição a qual pertencem.

Caberia na ocasião, em função daquele ato de indisciplina, a aplicação de uma punição administrativa pelo comandante do Exército. Além disso, o presidente da República sabia que a presença do ex-ministro constituía uma irregularidade, e o general também sabia que estava praticando um ato irregular e uma indisciplina. O episódio fragilizou ainda mais a estrutura e a hierarquia das Forças

Armadas. É evidente que o presidente pressiona para submeter os comandantes das Forças Armadas à sua vontade autoritária.

Não podemos mais ficar calados diante de gestos que afrontam a vontade e o direito à liberdade.

O momento é de darmos um recado claro a favor da democracia.

Basta de ameaças! Golpe não!

2. Pedido de impeachment

A CPI da Covid e o escândalo das supostas irregularidades no processo de compra da vacina indiana Covaxin – denunciada pelo servidor do Ministério da Saúde, Luís Ricardo Fernandes Miranda – são argumentos do quarto pedido de impeachment protocolado por José Manoel Ferreira Gonçalves. A Agência Pública entrevistou o engenheiro e jornalista quando ele protocolou seu primeiro pedido de impeachment contra o

Jair Bolsonaro. Também conversamos com ele sobre o novo pedido, que apresenta denúncias contra o presidente "por ferir o direito fundamental à vida e à saúde ao comprometer o processo de vacinação da população brasileira", baseadas nos acontecimentos mais recentes.

Com a CPI da pandemia, novas acusações de supostos crimes e irregularidades foram adicionadas à conta do presidente, gerando uma pressão para a abertura do impeachment. Você acredita que agora há chances do processo ir adiante?

Esse é o momento crucial, é uma encruzilhada na história da nação brasileira. Nós temos um país em desconstrução. E a sociedade não pode ficar acompanhando isso de braços cruzados. Nós temos que ir pras ruas pressionar o Congresso. Eu sei que o Congresso continua muito cooptado pelo bolsonarismo, pelo governo, em um toma lá dá cá que é uma vergonha. E nós precisamos tratar disso com todo rigor. Porque, afinal de contas, nós não estamos tratando de pouca coisa. Nessas lambanças em relação às vacinas, muita gente deixou de ser vacinada e morreu. E está morrendo porque não está tomando vacina na quantidade e na velocidade em que poderíamos estar vacinando o país todo. Não houve uma coordenação nacional, não houve uma divulgação intensa dos benefícios da vacina. Pelo contrário, trabalhou-se contra a vacina, contra a máscara, contra o distanciamento social e ainda por cima com tudo isso envolvido no âmbito de corrupção. E esse governo dizia que não fazia corrupção... Quer dizer, tudo isso ruiu, caiu. E o Congresso não pode permitir a continuidade disso. Quantos mais brasileiros precisam morrer para que as pessoas acordem para essa realidade? Então acredito, sim, que o Congresso pressionado legitimamente pela sociedade civil possa agir e abrir imediatamente o processo de impeachment contra o senhor Bolsonaro.

Resumo do pedido

O engenheiro e jornalista José Manoel Ferreira Gonçalves protocolou em junho o 126º pedido de impeachment contra o presidente Jair Bolsonaro. Gonçalves é autor de mais outros três pedidos. O primeiro foi protocolado em abril de

2020 e elenca 24 momentos em que o presidente teria cometido crime de responsabilidade "ao agir de forma indecorosa" desde o início de seu mandato em 2019.

No segundo pedido, protocolado em janeiro de 2021, o autor ressalta a atuação "irresponsável e criminosa na condução política, administrativa e social da crise sanitária causada pela pandemia de Covid-19". No terceiro pedido, protocolado em maio de 2021, analisa a gestão da pandemia e a compara a atuação do presidente com "os mais sangrentos e atrozes genocídios da história mundial".

O quarto e último pedido assinado por Gonçalves destaca o andamento da CPI (Comissão Parlamentar de Inquérito) da Covid-19, que está em curso no Senado Federal e o escândalo das supostas irregularidades no processo de compra da vacina indiana Covaxin – denunciada pelo servidor do Ministério da Saúde, Luis Ricardo Fernandes Miranda.

Segundo a peça, "o Presidente da República, pessoalmente e por seu Ministro da Saúde e outros subordinados, superfaturou a compra de vacinas, bem como as contratou por intermédio de empresas interpostas situadas em paraísos fiscais, sem a devida transparência, além de introduzir nos contratos a remuneração de propina e corrupção". Gonçalves diz que os atos são "propriamente ilegais e imorais e causadores de maiores danos à saúde pública".

No documento, Bolsonaro é acusado de cometer crimes de responsabilidade previstos nos artigos 5º, 7º, 8º e 9º da Lei do Impeachment – que se referem a crimes contra a existência da União; o livre exercício dos direitos políticos, individuais e sociais; crimes contra a segurança interna do país; improbidade administrativa e quebra de decoro.

(Em https://apublica.org/impeachmentbolsonaro/pedido-0126)

3. Bolsonaro e os direitos humanos: caso agora é internacional

A conduta do presidente Jair Bolsonaro durante a pandemia ganha repercussão internacional. Ao conclamar a população a sair às ruas e voltar ao trabalho e às escolas, Bolsonaro ignora os preceitos recomendados pela comunidade médica de todo o mundo e incentiva as pessoas a se sujeitarem aos riscos da pandemia, com a ameaça de ter, como consequência, centenas de milhares de mortes.

Essa postura, por muitos considerada um crime contra a humanidade, já mereceu manifestações de repúdio, como a de um grupo de deputados do Parlamento Europeu, que encaminhou manifesto ao alto representante da União Europeia para assuntos exteriores, chamando a atenção para o fato de que nosso presidente nega a gravidade da Covid-19, colocando em perigo a vida da população.

Nós, brasileiros, precisamos promover a discussão internacional sobre a conduta de Bolsonaro em relação aos direitos humanos. Por isso, levei por iniciativa própria ao Tribunal Internacional de Haia uma representação pelo impeachment do presidente, por genocídio e crimes contra a humanidade. O Tribunal Penal Internacional (TPI) faz parte da ONU (Organização das Nações Unidas) e julga em sua corte, de forma permanente e em última instância, conflitos internacionais, crimes contra a humanidade, sendo referendado por mais de 100 países.

Em seguida, encaminhamos ao escritório do Alto Comissariado para os Direitos Humanos da ONU um requerimento de inquérito sobre o comportamento do presidente brasileiro. A mesma denúncia foi enviada à Comissão Interamericana de Direitos Humanos. Outra medida foi endereçar informações sobre a conduta de Bolsonaro à organização não-governamental Human Rights Watch, pleiteando que esta também se some aos esforços de pressão para que o governo brasileiro cesse sua postura de violação aos direitos humanos.

O pedido encaminhado à ONU e à Comissão Interamericana relata que o presidente negligencia precauções contra o novo coronavírus e ofende os princípios consagrados pela Declaração Universal dos Direitos Humanos e tratados internacionais, como a Convenção dos Direitos Econômicos, Sociais e Culturais e a Convenção dos Direitos das Pessoas com Deficiência.

De acordo com a Resolução 48/141 da Assembleia Geral da ONU, o Alto Comissariado exerce papel ativo na defesa dos direitos humanos e na prevenção de atos que violem esses direitos em todo o mundo. A partir de meios diplomáticos e multilaterais, o órgão pode tomar medidas indutivas para enfrentar as violações aos direitos humanos que estão sendo promovidas pelo governo Bolsonaro.

O requerimento encaminhado aos cuidados de Michelle Bachelet, ex-presidente do Chile e atual mandatária do comissariado, assinala especialmente o efeito dos atos do governo brasileiro sobre as pessoas com deficiência e com comorbidades, mas ressalta também que a atual postura de Bolsonaro afeta toda a sociedade, ameaçada no seu direito básico à saúde pública.

É importante que iniciativas como essa, de se posicionar deliberadamente diante de uma atitude que coloca em risco milhares de vidas, ecoem por cortes internacionais e provoquem o questionamento jurídico sobre o Poder Executivo em Brasília.

Esse movimento poderá impedir a morte de 2 milhões de pessoas, segundo estimativas da Organização Mundial de Saúde no Brasil, pois representa uma ação direta, caso não sejam cumpridas as recomendações de restrição ao convívio social que o presidente Bolsonaro insiste em desrespeitar.

(Artigo publicado em Congresso em Foco, no dia 21 de maio de 2020)

O CREA-SP

Após denúncia, TCU barra construção de nova sede do CREA-SP

Justiça impede Conselho Regional de Engenharia e Agronomia de São Paulo de realizar permuta de imóveis para construção de nova sede. O ministro do Tribunal de Contas da União, Marcos Bemquerer, acolheu a denúncia do engenheiro José Manoel Ferreira Gonçalves. "O Conselho Regional de Engenharia e Agronomia do Estado de São Paulo vinha pretendendo fazer uma permuta ilegal, pegando todos os imóveis do CREA-SP que se avalia, no mínimo, em R$ 198 milhões e permutando por um outro projeto. Só que o projeto não existe e não foi feito nenhuma das exigências que a própria lei de licitações exige. O orçamento que exige um projeto básico e absoluta transparência e não pode haver direcionamento. A empresa que faz o projeto não pode ser a mesma que vai, eventualmente, executar. Tudo isso estava direcionando, de forma muito estranha, essa 'concorrência' no colo de uma única empresa." O ministro do TCU, Marcos Bemquerer, determinou ao CREA-SP que se abstenha de celebrar o contrato de permuta de bens imóveis decorrente do Chamamento Público 1/2020. Caso já o tenha firmado, suspenda a sua execução até que este Tribunal se manifeste conclusivamente a respeito das questões tratadas no bojo deste processo.

(Publicado em Jovem Pan, notícias, no dia 24/07/2021)

AS FERROVIAS

Um país fora dos trilhos: as consequências do abandono das ferrovias brasileiras

Com uma área de 8,5 milhões de quilômetros quadrados, representando o quinto maior país em extensão do planeta, o Brasil tem como desafio criar uma imensa rede de transportes para escoar sua produção, permitir o deslocamento de sua população e girar a economia. A missão se torna ainda mais difícil diante de um ecossistema complexo, formado por diferentes biomas, em que a necessidade de proteção contrasta com o desenvolvimento humano e o avanço da infraestrutura.

Apontadas como meios mais ecológicos e com grande capacidade de escoamento de cargas pelo interior do país, as ferrovias vivem um cenário de abandono. Um terço de toda a malha existente está ociosa, com trilhos enferrujados pela ação do tempo em uma região que investe quase totalmente no transporte rodoviário — que ainda é caro e poluente.

No período colonial, os trens foram usados em larga escala para o transporte de café. No entanto, nas últimas décadas, esse meio de locomoção teve sua participação nos transportes nacionais reduzida. Em 2021, as ferrovias representam apenas 15% dos meios usados em todo o sistema brasileiro, de acordo com dados do Ministério da Infraestrutura.

A malha ferroviária nacional cresceu até 1957 e chegou a sua maior cobertura, atingindo 31 mil quilômetros. A partir daí, houve estagnação, e o país se tornou refém do transporte rodoviário, que também é precário, com apenas 12% das vias pavimentadas, segundo dados da Confederação Nacional dos Transportes (CNT). A ausência de opções de transporte traz prejuízos para passageiros, para a economia e ao meio ambiente. As hidrovias, outra opção de mobilidade limpa, representam 20% dos meios viários na maior nação da América Latina.

Em 1997 teve início uma série de concessões à iniciativa privada, que permitiu a modernização da malha em diversas regiões, o aumento na quantidade de trens, geração de empregos e elevação do material transportado. No entanto, a ação não resultou na expansão da cobertura, que atualmente está em 30 mil quilômetros, menor do que o registrado há mais de seis décadas. Enquanto o mundo diversificou os sistemas de mobilidade, o Brasil ancorou o projeto de desenvolvimento nos automóveis e veículos de tração motora, movidos a gasolina, álcool e diesel, até quatro vezes mais poluentes que os trens, de acordo com levantamento da Ferrofrente, entidade criada para atuar em prol do impulsionamento do setor.

José Manoel Gonçalves, presidente da Ferrofrente, explica que as mudanças das últimas décadas se resumem à concessão de ferrovias, o que criou um monopólio. Além disso, de acordo com ele, o impacto ambiental é baixo, sendo que o modelo atual não incentiva o transporte de passageiros. "O panorama está péssimo. O que foi feito até agora não pode ser considerado avanço. Não se resolveu o transporte de passageiros no Brasil. Nós, da sociedade civil, estamos preocupados com o Marco Regulatório das Ferrovias e com as autorizações para as hotlines (ferrovias integradas com outros modais). Na hora de fazer as concessões, não se criou a exigência de se passar ferrovias de passageiros. Não podem ser apenas ferrovias de carga. Hoje usam-se ferrovias apenas para exportar soja, milho, açúcar e ferro", destaca.

Menor impacto

A menor circulação de trens, segundo José Manoel, gera grandes prejuízos ao meio ambiente, com concentração no transporte terrestre mais tradicional, com emissão de gases. "Do ponto de vista ambiental, isso é péssimo. Em um vagão de trem se coloca carga para dois ou três caminhões. Tira-se das estradas uma quantidade muito grande de caminhões com apenas um trem. Se fizer isso de maneira reutilizável, além de reduzir emissões, se reduz consumo dos combustíveis. O Brasil não fez a matriz energética, não fez a matriz dos transportes versus a matriz do meio ambiente", explica.

Enquanto o Brasil tem apenas 20 mil quilômetros de ferrovias em plena atividade, o exemplo vem da parte norte do continente. Na década de 1980, os Estados Unidos viram o colapso do setor, que era pouco atrativo e estava entrando em estagnação. Para conter o problema, o governo norte-americano desregulou o setor, afrouxou regras e concedeu incentivos para a criação de linhas curtas, inclusive de passageiros. O resultado é que hoje o país tem a mais extensa malha do mundo, com 250 mil quilômetros de ferrovias espalhadas por todos os estados.

Além da economia, que ganhou impulso, tornando-se a maior do mundo, reduziu-se a frota de veículos de pneus, que hoje representam apenas 30% de todo o sistema de transportes. O gestor ambiental Bruno Souza, especialista em geografia e análise ambiental pela Universidade Estadual de Goiás, destaca que o transporte via trem também se modernizou e hoje é ainda mais limpo.

"O custo ambiental da ferrovia é bem inferior ao da rodovia. É bem mais fácil ampliar um corredor ecológico em uma passagem de trens do que nas estradas. Fora que em caso de acidentes, o caminhão, por exemplo, derrama muito mais fluídos na natureza do que uma locomotiva. Atualmente existem trens elétricos, a biodiesel, e mesmo os movidos a vapor são menos poluentes. A malha ferroviária nos EUA melhorou o escoamento, sem dano elevado ao meio ambiente", ressalta.

(Artigo publicado no Correio Braziliense, em 08/08/2021)

AGUAVIVA – ASSOCIAÇÃO GUARUJÁ VIVA: Manifesto

Guarujá e Vicente de Carvalho carregam consigo a beleza da Ilha de Santo Amaro, porém padecem de uma série de problemas e dificuldades. As potencialidades decorrentes de suas belezas e localização privilegiada não são suficientemente aproveitadas para embasar o desenvolvimento sustentável do Município, que fomente a geração de empregos e melhoria da qualidade de vida da população. Por outro lado, os problemas se prolongam por anos e anos, resultado de estruturas de poder viciadas que não valorizam a transparência do processo decisório das políticas públicas e inibem a participação popular na formulação e implementação de soluções democraticamente concebidas. Não obstante a necessidade de solucionar demandas imediatas que afetam a população como habitação, preservação ambiental, limpeza urbana, qualidade das praias, segurança e zeladoria de forma geral - que, aliás, não são atendidas nem quando se recorre a instância judicial -, temos que olhar para o futuro da região, e isso significa se inteirar, participar e influenciar de forma positiva as políticas públicas definidas para nossa cidade.

É nesse contexto que vem à luz a AGUAVIVA – Associação Guarujá Viva, uma causa que aglutina diferentes segmentos da sociedade, com o objetivo de representar os interesses dos munícipes, participando desde o processo de planejamento até as decisões políticas que interferem diretamente na vida de todos. Hoje, muitos se encontram numa situação comum: contribuem com o pagamento de IPTU e demais impostos, mas, em contrapartida, não percebem o poder público agindo de forma contundente, preocupado em atender aos anseios e necessidades dos cidadãos que aqui residem e desenvolver estruturas sustentáveis a favor do turismo e das atividades de lazer que a ilha necessita. Esse é apenas o início de uma caminhada democrática, aberta a todos.

A AGUAVIVA surge com o legítimo direito de atuar entre as vias políticas para se alcançar o bem comum. Nasce com a perspectiva de muita luta para as próximas décadas, com a disposição de encarar problemas crônicos, superar conflitos, incentivar e fortalecer espaços de ação política e demonstrar a capacidade de organização da sociedade civil na busca de uma sociedade menos desigual e que caminhe ao encontro do desenvolvimento e da paz social.

GUARUJÁ: A LUTA PELO IMPEACHMENT DO PREFEITO

Presidente do diretório do PDT depõe à Comissão Processante que analisa impeachment do prefeito Válter Suman

A Comissão Processante criada para analisar o pedido de impeachment do prefeito de Guarujá, Válter Suman (PSDB), ouviu José Manoel Ferreira Gonçalves, o presidente do diretório municipal do Partido Democrático Trabalhista (PDT), na manhã desta quarta-feira (3). Ele foi o primeiro a depor no processo.

José Manoel foi o autor do pedido de destituição do cargo de Suman que originou a comissão. Ele foi ouvido como testemunha e respondeu a questões elaboradas pelos vereadores membros da Comissão Processante, formada por Fernando Martins dos Santos (MDB), Juninho Eroso (PP) e Sirana Bosonkian (PTB).

O depoimento começou por volta de 10hs e durou cerca de uma hora. José Manoel Ferreira foi questionado, principalmente, sobre o embasamento de sua denúncia contra o prefeito. Segundo ele, ela foi baseada na investigação da Polícia Federal, que apura o desvio de dinheiro da Saúde *(leia mais abaixo).*

Segundo apurado pelo G1, outra pessoa, que não teve sua identidade revelada, seria ouvida nesta quarta, mas a Câmara dos Vereadores não conseguiu intimar a testemunha a tempo. Outras testemunhas prestarão depoimento ao longo dos próximos dias, mas a Comissão Processante preferiu não divulgar a relação de nomes até que as intimações sejam realizadas.

O prefeito Válter Suman também deve ser ouvido nos próximos dias. A Comissão Processante tem um prazo de 90 dias - até 29 de dezembro -, para finalizar o relatório. Ele seguirá para votação em plenário, que irá definir pelo afastamento ou não do prefeito.

Comissão Processante

A primeira sessão da Comissão Processante que analisa o pedido de impeachment aconteceu no dia 23 de setembro. Essa primeira reunião ocorreu no plenário da Câmara, após ser aprovado por unanimidade o pedido de destituição do cargo do prefeito, protocolado pelo Partido Democrático Trabalhista (PDT).

Com a definição, um documento foi confeccionado, apontando todas as denúncias contra Suman. Por dois dias, a Comissão tentou localizar o prefeito para entregar a intimação, no Paço Municipal, onde ele não foi encontrado.

O prefeito foi intimado no dia 30, teve dez dias úteis para apresentar a defesa prévia e apontar dez testemunhas de defesa. Após ser localizado, ele apresentou a defesa, que foi analisada pela comissão.

Operação Nácar

Nicolau e o prefeito da cidade, Válter Suman (PSDB), foram presos em flagrante pela Polícia Federal durante o cumprimento de mandados de busca e apreensão da Operação Nácar, que investiga um esquema de desvio de dinheiro na rede pública de saúde em meio ao enfrentamento da Covid-19, em 15 de setembro. Eles foram colocados em liberdade provisória no dia 18 do mesmo mês.

As ações aconteceram na casa do prefeito e, também, do secretário. Nos imóveis ligados a ambos, foram encontrados quase R$ 2 milhões em dinheiro.

A reportagem teve acesso ao documento da Polícia Federal que detalha os itens apreendidos na residência do prefeito, totalizando mais de R$ 70 mil e dezenas de joias e outro, que aponta o encontro de mais de R$ 40 mil escondidos dentro de caixas de máscaras de proteção facial no gabinete da prefeitura.

Suman é suspeito de comandar uma organização criminosa que teria desviado mais de R$ 109 milhões da área da Saúde, enquanto Nicolau teria recebido vantagens indevidas nos contratos firmados entre a prefeitura e a Organização Social Pró-Vida, que era responsável pela administração da UPA da Rodoviária e 15 Unidades de Saúde de Família (Usafas).

Impresso em papel polen soft, tipologia Georgia
12/15, na primavera de 2021.